Rogério de Simone e Rogério Ferraresi

Clássicos do Brasil

ALFA ROMEO

Copyright © 2012 Rogério de Simone e Rogério Ferraresi.

Copyright desta edição © 2013 Alaúde Editorial Ltda.

Todos os direitos reservados. Nenhuma parte deste livro poderá ser reproduzida, de forma alguma, sem a permissão formal por escrito da editora e do autor, exceto as citações incorporadas em artigos de crítica ou resenhas.

O texto deste livro foi fixado conforme o acordo ortográfico vigente no Brasil desde 1º de janeiro de 2009.

PRODUÇÃO EDITORIAL:
Editora Alaúde

PREPARAÇÃO:
Fernando Garcia

REVISÃO:
Leandro Morita, Marina Bernard

CONSULTORIA TÉCNICA:
Bob Sharp

IMAGEM DE CAPA:
Marcelo Resende e Bira Prado

IMPRESSÃO E ACABAMENTO:
Ipsis Gráfica e Editora S/A

1ª edição, 2013

Dados Internacionais de Catalogação na Publicação (CIP)
(Câmara Brasileira do Livro, SP, Brasil)

Simone, Rogério de
Alfa Romeo / Rogério de Simone e Rogério Ferraresi. 1. ed. São Paulo: Alaúde Editorial, 2013.
(Série Clássicos do Brasil)

Bibliografia.

ISBN 978-85-7881-178-5

1. Alfa Romeo (Automóveis) 2. Alfa Romeo (Automóveis) - História 3. Automobilismo - História 4. Automóveis - Brasil I. Ferraresi, Rogério. II. Título. III. Série.

13-00514	CDD-629.22209

Índices para catálogo sistemático:
1. Alfa Romeo: Automóveis: Tecnologia: História 629.22209

2013
Alaúde Editorial Ltda.
Rua Hildebrando Thomaz de Carvalho, 60
São Paulo, SP, 04012-120
Tel.: (11) 5572-9474 e 5579-6757
www.alaude.com.br

SUMÁRIO

CAPÍTULO 1 – A origem 5

CAPÍTULO 2 – A chegada ao Brasil 17

CAPÍTULO 3 – A evolução dos modelos 37

CAPÍTULO 4 – Nas pistas 97

CAPÍTULO 5 – Dados técnicos 105

Fontes de consulta 110

Crédito das imagens.. 110

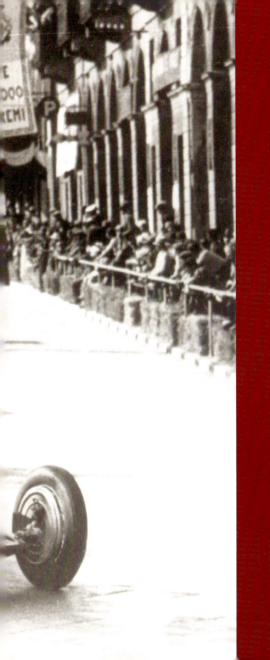

CAPÍTULO 1

A ORIGEM

ALFA NA ITÁLIA

Mais que uma marca, o nome Alfa Romeo é uma verdadeira instituição italiana e representa uma incrível linhagem de máquinas de caráter esportivo. Pode um mito italiano ter suas origens na França? A resposta é sim, caso estejamos falando da Alfa Romeo.

Tudo começou quando, em 1896, surgiu, no subúrbio parisiense de Suresnes, a Darracq, empresa criada por Alexandre Darracq, que produzia as bicicletas Gladiator. Com a experiência acumulada, a Darracq passou a fazer veículos elétricos e, em 1900, lançou um modelo com motor de combustão interna. Dois anos depois, fez um acordo com a Opel, que originou, na Alemanha, a Opel Darracq. O próximo passo expansionista foi abrir uma filial na Itália, sediada em Portello, Milão. Surgiu então, em 1906, a Società Italiana Automobili Darracq (SIAD), mas a empresa não obteve êxito e acabou sendo vendida, em 1909, a um grupo financeiro lombardo, que adquiriu a empresa por 500.000 liras.

Já sob a nova direção, o engenheiro Giuseppe Merosi foi contratado e recebeu a incumbência de projetar dois carros adequados às necessidades do público local: os modelos 12 HP e 24 HP, nomes que equivaliam à potência de seus motores de quatro cilindros.

Em 1º de janeiro de 1910 a diretoria decidiu produzir o modelo mais potente, o 24 HP, e, em junho, surgiu a nova razão social da empresa: Anonima Lombarda Fabbrica Automobili, cuja sigla era, portanto, a palavra "Alfa".

Em 1912, a fábrica italiana já fazia mais de duzentos carros por ano. O governo local se tornou um dos grandes clien-

Fábrica Alfa, na área de Portello, nos arredores de Milão, Itália, em 1910.

A origem

Alfa RL de 1925, com motor de seis cilindros.

tes da fábrica e, três anos depois, a Banca Nazionale di Sconto, acionária majoritária da Alfa, nomeou Nicola Romeo para dirigi-la. Por causa da Primeira Guerra Mundial, a produção de automóveis foi abandonada e a empresa passou a fornecer motores de aviões e munição para uso das forças armadas italianas. Nicola era um grande administrador e, apenas em Milão, dirigia cinco fábricas. Por esse motivo, em junho de 1918, a Alfa foi incorporada à Società Anonima Ing. Nicola Romeo & Co., reunindo, sob a denominação social de A. A. Italiana Ing. Romeo & C., os Stabilimenti di Construzioni Meccaniche di Saranno, a Officine Meccaniche Meridionalli di Napoli e a Officine Meccaniche Tabanelli di Roma. Terminado o conflito, a empresa voltou a fazer carros de turismo, mas a situação da Itália era muito ruim, o que prejudicava as vendas. Como exemplo disso, em 1923, foram produzidos seis modelos experimentais e nenhum veículo foi vendido. O GPR, ou Gran Premio Romeo, foi o carro mais interessante desse período: tinha motor de seis cilindros e duplo comando de válvulas, que logo se tornaria uma característica da marca Alfa Romeo. Entretanto, entraram em produção os tipos RL com motor de seis cilindros e RM com quatro; sendo que o primeiro ganhou destaque por alcançar bons resultados nas pistas e foi, inclusive, exportado para diversos países.

No início da década de 1920 os modelos produzidos em série eram responsabilidade de Giuseppe Merosi, enquanto o departamento de competições era comandado por Vittorio Jano. Merosi contribuiu para que a empresa elevasse sua produção para 1.100 exemplares por ano, mas, quando a diretoria decidiu paralisar a produção do RL, que o engenheiro considerava sua obra-prima, optou por pedir sua demissão. De fato, o RL poderia ter vendido mais unidades, mas a escolha pelo caminho da diversificação de produtos foi o que permitiu a Alfa Romeo sobreviver na turbulenta década de 1930.

O RL foi substituído, em 1927, pelo 6C 1500, um carro mais leve, cuja versão esportiva, denominada 157, apresentava duplo comando de válvulas, tal como o antigo GPR. E, para substituir o RL em competições, surgiu, em 1928, o Super Sport, que teve algumas unidades equipadas com compressor Roots. Esse carro, pilotado por Giuseppe Campari, venceu a Mille Miglia e ajudou a projetar o nome da marca ante a concorrência. Seguiram-se, então, os modelos 1750 e 6C 1900 e 6C 2300 e 6C 2900, cada um deles com aperfeiçoamentos técnicos em relação ao design e à mecânica. As suspensões dianteiras por eixo rígido deram lugar a um sistema independente, enquanto na traseira adotaram-se barras de torção com semieixo oscilante tipo Porsche. Na época, Jano não era o único a desenvolver os projetos da marca, pois a empresa passou a dar mais oportunidades para nomes como Gioacchino Colombo, Bruno Trevisan e Wilfredo Ricart. Surgiram o 8C e o P3 Grand Prix, ambos de muito sucesso nas pistas e que também foram utilizados pela escuderia Ferrari. Quando surgiu a Fórmula Livre, em 1932, Jano desenvolveu um carro de oito cilindros com dois compressores coaxiais tipo Roots. Esse monoposto tinha dois cardás que se separavam obliquamente em "V" na saída do câmbio. Isso permitiu abaixar o banco do piloto e o centro de gravidade do carro, que era capaz de atingir 232 km/h.

Mas a situação econômica da empresa não era das melhores. Com a Segunda Guerra Mundial, a importância da produção de carros se tornou secundária:

RL Targa Florio, em 1923, construído com sucesso para corridas.

A origem

À esquerda: Alfa 6C 1500, de 1927. No centro: o modelo 6C Super Sport, de 1928. À direita: o 6C 1750 Sport, de 1929.

a Alfa Romeo, mais uma vez, voltou-se para a fabricação de motores aeronáuticos. Além disso, em 1933, a Banca Nazionale di Sconto transferiu as ações da Alfa Romeo para o Istituto per la Riconstruzione Industriale (Instituto para Reconstrução Industrial, em português), através do grupo Finmeccanica. Após a derrota das forças do Eixo, em uma Itália devastada, a empresa apresentou uma máquina de alto desempenho, a Freccia d'Oro, de seis cilindros e 2.500 cm^3, mas ela não era adequada ao mercado então existente, muito pobre. A solução, provavelmente com o auxílio do Plano Marshall, foi projetar outro carro, mais barato, com carroceria monobloco,

motor de quatro cilindros e eixo traseiro rígido. Surgia assim o 1900 (1950/59), um modelo que exigiu a construção de uma nova fábrica (a antiga havia sido bombardeada). O novo carro foi projetado por Orazio Satta Puliga, um experiente designer que já havia trabalhado no monoposto Grand Prix 158/159 (também denominado Alfetta), o qual venceu os dois primeiros campeonatos de Fórmula 1, disputados em 1950 e 1951, com Giuseppe Farina e Juan Manuel Fangio (depois a Alfa Romeo abandonou a categoria).

Esse feito alavancou as vendas do 1900 no mercado americano, razão pela qual, com o auxílio dos *royalties* pagos pela empresa brasileira Fábrica Nacional de Motores (ver capítulo seguinte), lançou-se um novo modelo, também de muito sucesso,

À esquerda: o Alfa Freccia D'oro tinha a missão de relançar a imagem da Alfa Romeo após a Segunda Guerra Mundial, mas seu alto preço e o mercado retraído resultaram em baixas vendas. No centro: o pequeno 1900, de 1951, foi um sucesso de vendas. À direita: Juan Manuel Fangio a bordo do modelo 158, vencedor dos campeonatos de Fórmula 1 de 1950 e 1951.

À esquerda: o Giulietta de 1954, novo sucesso da Alfa Romeo. À direita: o modelo esportivo Giulietta Sprint Speciale.

denominado Giulietta (1954/62). Os cupês Giulietta Sprint, feitos em número limitado, tinham motor de duplo comando de 1.300 cm³. Em 1957 surgiu o Giulietta Sprint Speciale, que atingia 190 km/h.

Na esteira do sucesso do 1900, surgiu um carro maior equipado com motor de quatro cilindros, denominado 2000 (1958/62) e que já contava com a tão popular traseira estilo "rabo de peixe". O modelo 2000 era oferecido nas versões quatro-portas, cupê (Bertone) e conversível (Touring), mas era um veículo grande para o público italiano (e europeu em geral), não obtendo sucesso em seu continente de origem, tal como ocorreu nos Estados Unidos, cujos consumidores praticamente o ignoraram. Moderno e malogrado, o sedã acabou emigrando para o Brasil, dando origem ao FNM 2000 JK. Na Itália, entretanto, continuou a ser produzido até 1962, quando a carroceria recebeu um motor de seis cilindros e gerou o 2600 (1962/68), também com vendas pouco expressivas. Por outro lado, visando o público de carros econômicos, a empresa obteve da Renault a licença para produzir o Dauphine (1959/64).

À esquerda: o Alfa 2000, de 1958, que daria origem ao FNM JK brasileiro em 1960. À direita: em 1959, a Alfa Romeo conseguiu licença da Renault para a fabricação do pequeno Dauphine na Itália, visando principalmente o público de baixa renda.

A origem

Em 1961, a Alfa Romeo passou a fornecer motores para a equipe de Fórmula 1 De Tomaso, mas esta foi um grande fracasso. No ano seguinte (e até o início da próxima década), a empresa italiana continuou a vender seus motores para escuderias como Cooper, LDS, McLaren e March, porém não conseguiu êxito nessas parcerias também. Por outro lado, com o lançamento do Giulia (1962-78), um modelo menor, mais esportivo, alcançou grande sucesso comercial. Dele derivou o Giulia TZ (1963-67) e o Giulia Sprint (1963-77). Ainda na década de 1960 foram apresentados os modelos Gran Sport Quattroruote (1965-67), GTA (1965-71), Spider (Duetto) (1966-93), 33 Stradale (1967-69) e 1750/2000 Berlina (1967-77). As boas vendas da Alfa Romeo permitiram à empresa levantar uma fábrica em Arese e construir uma pujante pista de testes em Balocco, perto de Turim.

Em 1967 foi constituída a Alfasud S.p.A., empresa com razão social própria e fábrica em Pomigliano D'Arco, perto de Nápoles (no ano seguinte a Alfa Romeo absorveu, no Brasil, a Fábrica Nacional de Motores). A fábrica Alfasud S.p.A começou a ser construída em agosto de 1969, em uma área de 2,5 milhões de m², cuja superfície coberta era de 400.000 m², tendo áreas de estamparia, montagem de carrocerias, pintura, mecânica, montagem de carros e acabamento. Tinha ainda uma pista de testes própria com 7 km de extensão. Também em Pomigliano, a empresa montou uma unidade para a produção de motores aeronáuticos a jato. A Alfa Romeo entrou na década de 1970 lançando o Montreal (1970-77), um carro esporte com motor V-8 de 200 cavalos que atingia 224 km/h. Foi seguido do Alfasud (1972-83), criado pelo braço direito de Ferdinand Porsche, o engenheiro Rudolf Hruska. Carro de pequenas dimensões, o Alfasud, com motor boxer de quatro cilindros e 1.200 cm³, foi o primeiro Alfa Romeo de tração dianteira e deveria concorrer com o Austin 1100, o Fiat 128 e o Lancia Fulvia. Sua moder-

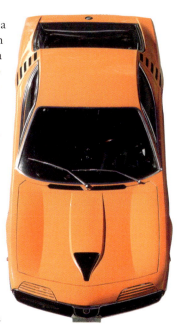

Montreal 1970, esportivo que se tornou sonho de consumo.

O lançamento do Giulia foi importante para o crescimento da Alfa Romeo, graças ao seu grande sucesso comercial.

Clássicos do Brasil

O compacto Alfasud 1972, o primeiro Alfa Romeo com tração dianteira.

À esquerda: o Alfetta 1972 serviu de inspiração para o Alfa 2300 brasileiro, lançado em 1974. À direita, acima: o esportivo Alfetta GT, de 1974. À direita, embaixo: Alfa 6, de 1979.

na carroceria fastback de quatro portas, muito aerodinâmica, foi desenhada por Giorgetto Giugiaro, da Italdesign, mas o veículo teve sérios problemas em relação ao tratamento de chapas e, portanto, era vítima precoce de corrosão.

No mesmo ano veio o Alfetta (1972--87), carro de três volumes que inspirou a versão brasileira do Alfa Romeo 2300. Também foi lançada uma versão esportiva fastback desse carro, denominada GT/GTV/Sprint. O Alfetta tinha suspensão traseira De Dion, câmbio e embreagem acoplados ao diferencial e suspensões por barras de torção. Surgiram ainda, na mesma década, o Nuova Giulietta (1977-85), com motor 1.300 ou 1.600 cm³, carroceria de quatro portas e linhas retas, e o Alfa 6 (1979-86), com motor de seis cilindros e 2.500 cm³, que lembrava ligeiramente o Fiat 130 Coupé, muito embora tivesse quatro portas.

Em 1976, a Alfa Romeo começou a fornecer os motores a outra equipe de Fórmula 1, a britânica Brabham, que na época tinha como pilotos o argentino Carlos Reutemann e o brasileiro José

A origem

Carlos Pace. A parceria com os ingleses durou até 1979, mesmo ano em que a empresa italiana voltou para a categoria com carros próprios, pilotados por Bruno Giacomelli e Vittorio Brambilla. Em 1980, porém, a escudaria Alfa Romeo passou por um momento muito ruim: a morte do piloto francês Patrick Dépailler, ocorrida no GP da Alemanha de Fórmula 1, realizado em Hockenheim.

Na Itália, logo no início da nova década, o Alfa 33 (1983-95) substituiu o Alfasud e a empresa ensaiou, em 1983, uma *joint venture* com a Nissan. Na sequência, surgiram o Alfa 90 (1984-87) e o Arna (1984-87). Em 1984, também ocorreu a segunda despedida da Fórmula 1, sendo que todo o acervo da escuderia foi vendido, dando origem, no ano seguinte, à equipe Benetton. E, em comemoração aos 75 anos da Alfa Romeo, foi lançado o Alfa 75 (1985-92), carro que empregava o conjunto mecânico aprimorado dos modelos Alfetta, Giulietta e Alfa 90.

A Alfa Romeo participou ativamente da Fórmula 1 na década de 1970. Na foto, o modelo Brabham-Alfa BT 48 de 1979, pilotado por Niki Lauda.

Sucessos da Alfa dos anos 1980. À esquerda: o Arna de 1984. À direita, acima: o Alfa 90 de 1984. À direita, embaixo: o Alfa 33 de 1983.

Alfa 164 1987: presença marcante no Brasil graças à abertura das importações promovida pelo então presidente da República Fernando Collor de Mello.

Apesar de tantos modelos novos, a situação financeira da Alfa Romeo não era das melhores e, em 1986, a empresa foi vendida para a Fiat, que já era dona da Lancia e fundiu ambas em uma única sociedade, a Alfa-Lancia Industriale. O primeiro fruto dessa época foi o 164 (1987-98), carro de grande porte desenhado por Pininfarina e com tração dianteira, o qual dividia seu projeto com o Fiat Croma, o Lancia Thema e o Saab 9000. Um dos primeiros modelos a chegar ao Brasil após a abertura das importações por parte do governo de Fernando Collor, o sedã 164 era fabricado com motores 2,0 Twin Spark e 3,0

A origem

V-6 (a gasolina, o maior veio para o Brasil) e Turbodiesel, este último destinado aos países europeus e sul-americanos (exceto o Brasil).

No fim da década surgiram os SZ (1989-91) e RZ (1992-93), os últimos modelos da marca com tração traseira e eixo De Dion, equipados com motor V-6 de 3,0 litros que atingia 245 km/h. Os anos seguintes representaram um importante momento de renovação para a Alfa Romeo. Foram lançados os novos 145 e 146, que substituíram o Alfa 33, e o 155, que se destacou por ser o primeiro modelo médio/grande da marca com tração dianteira. Seguiu-se, então, a apresentação do 156, eleito o "Auto dell'anno" (carro do ano, em português) em 1998, e do 166, que substituiu o 164.

Economicamente reabilitada, a Alfa Romeo continuou com seu processo evolutivo no novo milênio. Apresentou o 147 (2000/10), eleito na premiação europeia "Auto dell'anno"em 2011, e a versão esportiva do 156, denominada GTA, seguida dos modelos GT (2004), Spider (2005), Brera (2005), MiTo (2008) e 8C Competizione (2009), este último um superesportivo com motor Maserati V-8 de 4,7 litros e 450 cv, capaz de desenvolver 292 km/h e acelerar de 0 a 100 km/h em 4,2 segundos. Por fim, em 2009 foi lançado o novo Giulietta, veículo que substituiu o 147.

CAPÍTULO 2

A CHEGADA AO BRASIL

O INÍCIO

A Fábrica Nacional de Motores, ou FNM, foi uma empresa criada nos anos 1940 com o intuito de fabricar motores de avião, e logo ficaria conhecida como "cidade dos motores".

A trajetória da Fábrica Nacional de Motores está absolutamente interligada a Getúlio Vargas, que foi uma das figuras mais importantes e marcantes da história política brasileira no século XX. Na época, esse presidente era chamado por seus simpatizantes como "o pai dos pobres", por causa de sua postura trabalhista.

Durante o Estado Novo (1937-1945), o Brasil obteve o apoio tecnológico dos Estados Unidos, o que se traduziu na modernização industrial e em investimentos na infraestrutura nacional. Nesta época, além da FNM, foram criadas a Companhia Siderúrgica Nacional (CSN), a Companhia Vale do Rio Doce, a Companhia Nacional de Álcalis, a Companhia Hidroelétrica do São Francisco, entre outras.

Como a FNM era uma empresa estatal, era muito sensível aos humores políticos vindos de Brasília. No entanto, não faremos julgamento do governo de Vargas e dos presidentes subsequentes, deixando essa tarefa para os historiadores e cientistas políticos especializados no assunto.

Getúlio Vargas foi um presidente muito popular, um dos grandes responsáveis pela criação da Fábrica Nacional de Motores e, consequentemente, pela chegada da Alfa Romeo ao Brasil.

A FÁBRICA

Voltando um pouco no tempo, mais precisamente em setembro de 1939, foi deflagrada a já citada Segunda Guerra Mundial, um conflito militar global que envolveu a maioria das nações do mundo, incluindo todas as grandes potências.

Vargas visava transformar o Brasil em uma economia industrializada e, como já foi dito, surgiram nessa época algumas empresas importantes, entre elas a Fábrica Nacional de Motores, que foi criada com o apoio do presidente Vargas e idealizada pelo brigadeiro An-

À esquerda: Getúlio Vargas visita as obras das futuras instalações da Fábrica Nacional de Motores, em Duque de Caxias, RJ, em 1940; neste local seria construída a Vila Operária. À direita: obras em andamento, em 1941.

tônio Guedes Muniz. A fábrica começou a ser construída em 1940, no distrito de Xerém, na cidade de Duque de Caxias, RJ, na Baixada Fluminense. A inauguração oficial ocorreu no dia 13 de junho de 1942.

No mesmo ano, o Brasil se sentiu forçado a entrar na guerra, já que os Estados Unidos ameaçavam invadir o Nordeste caso o Brasil mantivesse a neutralidade. Com isso Vargas, a contragosto, decidiu se aliar aos Estados Unidos, rompendo assim relações diplomáticas com os países do Eixo. Em troca da utilização de bases militares no nordeste brasileiro, o governo americano deu incentivos financeiros e assistência técnica para a produção tanto da FNM como da CSN.

A produção de fato começou apenas em 1946, quando o maquinário ficou pronto, e pouquíssimas unidades de motores de avião da marca Wright chegaram a ser construídos pela Fábrica Nacional de Motores, pois, com o fim da guerra, os mesmos já estavam ultrapassados e se tornaram obsoletos.

A fábrica estava montada e tinha de continuar funcionando. Iniciou-se, então, um período de reformulação. Como as máquinas importadas para a produção de motores podiam ser modificadas, iniciou-se a fabricação de geladeiras, compressores, bicicletas e peças para trem, fazendo-se também serviços de revisão em motores de avião. Tal situação perdurou até 1948.

CAMINHÕES, UM CAPÍTULO À PARTE

Nesta época, a totalidade dos caminhões que rodava por nossas ruas e estradas era importada (a maioria vinda da Inglaterra), como Leyland, Aclo, International, GMC etc. Tudo começou a mudar em 1949, quando a Fábrica Nacional de Motores, de forma pioneira, começou a fabricar caminhões no Brasil.

FNM IF-D-7300, em imagem de 1949, junto ao canteiro central da área industrial: apenas 200 unidades foram fabricadas.

À esquerda: FNM D-9500. À direita: chassi que serviria para qualquer carroceria de ônibus urbano ou de viagem.

Neste ano, a empresa firmou contrato com a italiana Isotta Fraschini para a fabricação de um caminhão a diesel, no início apenas montado aqui com peças importadas, mas com projeto de nacionalização progressiva. Até o fim daquele ano foram montadas duzentas unidades desses caminhões, denominados FNM IF-D-7300, com capacidade de carga de 7.500 kg. Foram os únicos caminhões da história da Fábrica Nacional de Motores com a cabine bicuda, ou "focinho", como era popularmente chamada, pois os outros eram todos "cara-chata". Mas já em 1950 a Isotta enfrentava dificuldades financeiras e não teve apoio do Plano Marshall, por isso, veio a encerrar as suas atividades, terminando também a produção brasileira. Não se tem notícias de que alguns destes caminhões tenham sobrevivido até os dias de hoje.

A empresa não perdeu muito tempo e, em 1950, firmou um novo acordo com a também italiana Alfa Romeo para a fabricação de seus caminhões no Brasil. O acordo também se estenderia aos chassis para ônibus, igualmente feitos sob licença da marca italiana. Os caminhões seriam denominados FNM-Alfa Romeo D-9500 e vinham equipados com motor de 130 cv. A denominação numérica referia-se à cilindrada do motor: 9.495 cm^3.

A produção foi iniciada em 1951, mas a sua comercialização só se daria no ano seguinte. Graças às suas características de grande robustez e boa potência, o caminhão foi de imediato bem-aceito no nosso mercado, até então muito carente. Com o tempo surgiram várias versões do modelo básico: o "toco" (de dois eixos), o "trucado" (de três eixos), o basculante e o cavalo mecânico. Além disso, era o único caminhão com opção de carroceria tipo leito – dotada de duas camas –, ideal para longas viagens, que, por causa da qualidade das estradas na época, podiam durar semanas ou até meses.

Começava aí uma história desses veículos pesados que fizeram história no Brasil, pois enfrentavam com extrema valentia as precárias condições rodoviárias. Logo se tornaram uma lenda do transporte de cargas e

A chegada ao Brasil

À esquerda: o FNM D-11000, com carroceria Brasinca. À direita: o mesmo chassi com carroceria Standard, produzido pela própria Fábrica Nacional de Motores.

são muito utilizados para o trabalho pesado até os dias de hoje. É fato ainda comum cruzar com um velho FNM nas estradas. As unidades remanescentes podem não ser muito velozes, mas ainda esbanjam força.

A segunda geração do caminhão FNM chegaria em 1958, com o lançamento do aperfeiçoado modelo D-11000, com motor de 11 litros e potência de 150 cv. Entre as melhorias estavam uma caixa de câmbio mais moderna, instalada longe do motor, e a embreagem mais suave. Estes caminhões fizeram grande sucesso no nosso mercado, mas o comprador era obrigado, devido à ineficiência estatal, a enfrentar uma demorada fila de espera para adquirir o novo veículo nas concessionárias. Os chassis dos modelos D-11000 eram também fornecidos para a fabricação de ônibus urbanos e rodoviários. O FNM D-11000 tornou-se o produto mais popular da história da fábrica, tendo a fama de caminhão possante, valente e estradeiro. Como se dizia na época, o FNM carregava as riquezas do Brasil pelas estradas, ajudando, portanto, no desenvolvimento do país.

Existiam várias opções de cabines com visuais diferentes, sendo que só a chamada Standard era fabricada pela própria Fábrica Nacional de Motores; as outras eram feitas por empresas independentes como a

Ônibus FNM com carroceria Massari, apresentado no Salão do Automóvel de São Paulo no final de 1961.

Mudanças no D-11000 para 1967: nova grade e novo emblema da Fábrica Nacional de Motores na frente.

FNM 210 de 1972, com a fábrica já sob comando da Alfa Romeo.

Brasinca, a Metro, a Carretti e a Caio, entre outras. No Salão do Automóvel, no final de 1966, a Fábrica Nacional de Motores apresentou a cabine Futurama (que nunca foi feita em série) e o novo D-11000 com algumas melhorias e motor mais possante, com 175 cv, além de outras mudanças técnicas. Por fora, a mudança mais significativa estava na nova grade com emblema circular "FNM" no centro. Já dentro da cabine, um novo painel de instrumentos era o destaque da nova linha.

Em 1968, a fábrica foi vendida para a Alfa Romeo italiana, marcando uma das primeiras privatizações do país. Uma nova geração de caminhões FNM só chegaria em 1972 com os modelos FNM 180 e FNM 210, equipados com motores de 180 e 215 cv, nesta mesma ordem. Com isso a produção do já lendário modelo D-11000 foi encerrada, mas ele deixou de herança a sua mecânica, que foi aproveitada para os novos caminhões FNM. A modificação mais notória ocorreu na carroceria, que era praticamente a mesma do Alfa Romeo Mille italiano, versão responsável pela primeira mudança radical no visual.

Em 1973, a Fiat comprou 43% das ações da Alfa Romeo e, em 1976, assumiu o total controle acionário, embora ambas as empresas fossem concorrentes diretas na Itália, e continuou produzindo o 180 e o 210 até que, em 1979, depois de mais de 25.000 unidades vendidas, os substituíram pelo Fiat 190. Em 1985, já administrada pela Iveco (empresa italiana do grupo Fiat) e com o declínio acentuado na venda de caminhões, a Fábrica Nacional de Motores /Alfa Romeo encerrou as suas atividades no Brasil.

A VEZ DO AUTOMÓVEL DE PASSEIO

Durante a segunda metade da década de 1950, o então presidente do Brasil Juscelino Kubitschek de Oliveira, empossado em janeiro de 1956, teve sua administração norteada pelo chamado Plano de Metas. Houve um grande esforço no sentido de reindustrializar o país, continuando o legado de Getúlio Vargas, sendo este o motivo para a criação do Grupo Executivo da Indústria Automobilística (Geia).

Liderado pelo almirante Lúcio Meira, o Geia, plenamente inserido no esforço sintetizado pelo *slogan* "50 anos em 5", tinha como inspiração a Comissão Executiva da Indústria Automobilística (Ceia), órgão criado por Vargas, mas que nunca foi instalado devido ao suicídio do mesmo, ocorrido em 24 de agosto de 1954.

Juscelino assumiu a presidência prometendo a produção de 50.000 carros até o fim de seu mandato. Na época a Fábrica Nacional de Motores já conseguira atingir um índice de nacionalização da ordem de 54% em seus caminhões. Assim como a Fábrica Nacional de Motores, outras indústrias já estavam se dedicando ao projeto do carro brasileiro, como a Romi, a Vemag, a Willys-Overland e outras mais. Tudo isso levou Juscelino a receber Meira em seu gabinete e, em 1956, e assinar o decreto de número 142, o qual criou o Geia. Curiosamente o Geia surgiu no mesmo dia em que Henry Ford fundara, em 1903, a Ford Motor Company: 16 de junho. Neste mesmo ano, a Fábrica Nacional de Motores havia assinado um pré-contrato com a Fiat para fabricação de tratores, mas ainda com o projeto em andamento a direção da empresa, por motivos políticos, decidiu mudar de foco dedicando seus esforços na fabricação de um automóvel de passeio.

No ano seguinte o famoso Grupo Matarazzo, ainda com excelente situação financeira, fez contatos com a Alfa Romeo, na Itália, sondando a possibilidade de constituir uma empresa de capital misto cuja finalidade seria produzir, no Brasil, o novo Alfa Romeo 2000 Berlina (sedã, em italiano). Do entendimento entre ambas as partes, surgiu a efêmera Fabral, que encontrou vária ob-

Juscelino Kubitschek tomou posse como presidente da República em 1956 com o propósito de continuar o plano de industrializar o Brasil iniciado pelo seu antecessor Getúlio Vargas.

jeções por parte do Geia. Não foi este, entretanto, um caso isolado, pois outras propostas também não foram aceitas pela entidade, inclusive em relação às empresas de capital estrangeiro, como Borgward e Rover.

Meira entendia que o projeto da Fabral não era adequado, pois pretendia fabricar um carro de grande porte (para os padrões brasileiros e europeus da época), caro e luxuoso, sendo que a real necessidade do país era de modelos econômicos para a cidade, bem como veículos de carga para o campo. Juscelino, entretanto, tinha pressa para pôr seus planos desenvolvimentistas em prática e solicitou a Meira que, em razão dessas circunstâncias, aprovasse os planos da Fabral. Esse também não foi um caso isolado, pois, por vias semelhantes, a fábrica francesa Simca instalou sua filial no país para a fabricação do luxuoso Chambord.

O almirante Lúcio Meira acatou o pedido e a Fabral obteve a licença do Geia, mas, logo em seguida, o Grupo Matarazzo desistiu do negócio. Em uma rápida manobra, porém, o governo "costurou" um acordo entre a Alfa Romeo e a Fábrica Nacional de Motores, a qual já fabricava os caminhões da marca italiana e assumiu a parte do acordo que, anteriormente, cabia ao Grupo Matarazzo. Nesse acerto houve, inclusive, a participação do Istituto per la Ricostruzione Industriale, o BNDES italiano da época. A versão nacional do Alfa Romeo 2000 recebeu a denominação FNM 2000 JK, em homenagem ao presidente Juscelino, popularmente conhecido como JK.

O grande problema do FNM 2000 JK, como já explicado, foi o fato de que o carro surgiu como uma espécie de imposição política e não como o fruto de uma necessidade do mercado brasileiro. O veículo não se originara do planejamento estratégico da Fábrica Nacional de Motores, cujo produto mais importante era ônibus e, principalmente, caminhões, cujo processo de nacionalização se acelerava. Até 31 de janeiro de 1961 a diretoria da Fábrica Nacional de Motores era composta por Mário Pires, Túlio de Alencar Araripe, Irineu Pontes Vieira, Amaury Gomes Pedrosa e Américo Cury. Nessa data, porém, Kubitschek deu lugar ao novo presidente eleito pelo povo, o histriônico Jânio da

À esquerda: o almirante Lúcio Meira, líder do Geia e grande incentivador da indústria automobilística nacional, um dos responsáveis pela fabricação do automóvel Alfa Romeo no Brasil. À direita: Jânio Quadros foi empossado presidente da República em 1961, mas ficou no poder por pouco tempo.

A chegada ao Brasil

Silva Quadros, um populista que, devido seus trejeitos característicos, foi considerado por muitos críticos como uma espécie de "Hitler caipira".

Jânio teve como seu maior feito, após tomar a posse, a proibição da briga de galo e do biquíni nas praias brasileiras! Candidato astuto e péssimo governante, Quadros, cuja campanha teve como símbolo a vassoura (que prometia "limpar" o governo), praticamente se esqueceu da Fábrica Nacional de Motores, embora suas manobras tenham culminado com o pedido de demissão do presidente da empresa, Túlio Araripe, substituído por Amauri Pedrosa. Porém, Jânio não ficou muito tempo no poder, pois renunciou oito meses depois de ser empossado.

Na verdade, "o golpe palaciano" janista foi montado para funcionar como um espetáculo em três atos: 1) responsabilizar o Congresso pela carestia e pelos impasses administrativos; 2) a renúncia; e 3) um apelo ao povo. Quadros imaginava que os militares não iriam permitir a posse do vice-presidente, João Belchior Marques Goulart, ou como era mais conhecido, "Jango", o qual (apesar de ser um grande empresário do setor pecuário) era visto pelas elites, por defender a reforma agrária, como um "perigosíssimo comunista".

Em razão desse fato, Quadros chegou a afirmar que, caso não pudesse governar, entregaria o Brasil "a um louco que iria incendiá-lo". Para que o "louco" não chegasse ao poder, segundo a visão do "homem da vassoura", os militares iriam lhe chamar de volta, dando-lhe plenos poderes para governar. Só que a encenação falhou!

Recusando vários pedidos para destruir a famosa carta-renúncia, o ministro da Justiça Oscar Pedroso Horta levou-a ao Congresso e cumpriu estritamente as ordens presidenciais, entregando-a ao vice-presidente do parlamento. Assim, o documento foi apresentado à Comissão de Justiça e, sendo a renúncia voluntária, acabou aceita sem discussão do plenário, mesmo porque se tratava de um fato consumado. A irresponsabilidade de Quadros o varreu da galeria dos grandes líderes da história do Brasil, iniciando a reação em cadeia que, posteriormente, resultaria em uma ditadura militar que atravessaria três décadas.

João Goulart assumiu a presidência da República em 1961, o que estimulou a Fábrica Nacional de Motores a criar o FNM Jango em sua homenagem.

Quando Goulart assumiu a presidência, em setembro de 1961, a Fábrica Nacional de Motores, do mesmo modo que fizera com Juscelino, decidiu homenageá-lo com o lançamento de uma nova versão do Alfa Romeo 2000. Esse carro, o FNM Jango, nunca chegou a ser lançado com esse nome, como será explicado nos próximos capítulos.

PROBLEMAS E SOLUÇÕES

Os problemas enfrentados pela Fábrica Nacional de Motores, entretanto, eram grandes, conforme explicou o jornalista Mauro Forjaz no artigo "FNM Plano Trienal de Recuperação", publicado em março de 1963 na revista *Mecânica Popular*. Nesse ano, a presidência da empresa havia sido assumida pelo economista Aloísio Peixoto.

O artigo de Mauro Forjaz começa chamando a atenção para o pioneirismo na criação da Fábrica Nacional de Motores, atribuindo à FNM o início da indústria automobilística no Brasil. Mas os elogios paravam por aí:

Apesar desse pioneirismo, podemos dizer que, de todas as indústrias de veículos que foram instaladas por aqui, a Fábrica Nacional de Motores é a única que, ao invés de progredir e gerar lucros, regrediu e deu prejuízos.

É opinião geral de todos os jornalistas que acompanham a indústria automobilística que são motivos dessa regressão a falta de continuidade administrativa e o empreguismo político. Sendo a Fábrica Nacional de Motores uma empresa paraestatal, logicamente não constituiria exceção ao mal tão brasileiro de se dar empregos a apadrinhados e protegidos. Apesar de ter sido, inúmeras vezes, alertada pela imprensa, através de vários de seus periódicos, não havia como fazer com que a Fábrica Nacional de Motores tomasse o rumo acertado das demais empresas automobilísticas brasileiras. Chegou-se, portanto, a uma situação na qual o governo precisou tomar uma atitude drástica e correta.

Assim, com a fábrica praticamente parada, sem produzir nada, com milhões de cruzeiros de pagamentos em atraso, houve necessidade de que o governo, através do Banco Nacional de Desenvolvimento Eco-

Segundo analistas, se a produção da Fábrica Nacional de Motores se resumisse apenas a caminhões, a empresa seria lucrativa.

A chegada ao Brasil

nômico (BNDE), providenciasse a salvação daquele grande patrimônio. Desde julho de 1962, marchas e contramarchas têm sido dadas para solucionar o problema da Fábrica Nacional de Motores [...] mas o financiamento não saiu. O governo desejava realmente salvar a fábrica, através do BNDE, mas, para que isso fosse possível, a direção desse estabelecimento de crédito exigia a colocação, como diretor-superintendente, de um elemento de sua confiança. No entanto, para a viabilidade dessa exigência, havia a necessidade de uma modificação nos estatutos da Fábrica Nacional de Motores [...]

Essas mudanças, afinal, foram feitas:

Várias alterações surgiram na administração da empresa e o BNDE indicou para o cargo de superintendente o dr. Aloísio Peixoto. Economista diplomado em Ciências Econômicas e Sociais, com curso de Desenvolvimento Econômico na Vanderbilt University, foi chefe do Departamento Financeiro do BNDE, onde ocupava o cargo de diretor-executivo. A fim de expor o que seria feito pela nova direção, Peixoto convidou a imprensa para uma visita às instalações da fábrica, no último dia 15 de janeiro. Na presença dos jornalistas, o dr. Aloísio discorreu sobre suas ideias, seus pensamentos e o que pretendia fazer na Fábrica Nacional de Motores. Inicialmente salientou o desejo de manter um contato permanente, franco e leal com os representantes da imprensa; salientou que não participava da opinião de que uma empresa do governo não poderia vir a ser tão bem administrada como uma empresa particular, pois, sendo homens e ideias os mesmos, o empreendimento público pode e deve ser dirigido com rigor, no intuito de torná-lo lucrativo.

A fim de recuperar a Fábrica Nacional de Motores, os erros passados devem ser esquecidos e, com as experiências adquiridas, não reincidir nos mesmos problemas. Afirmou convicto que a fábrica é plenamente recuperável em prazo razoável.

Em seguida, o jornalista discorre sobre os problemas da fábrica:

A Fábrica Nacional de Motores não era bem dirigida, e os FNM JK eram produzidos em baixa escala.

Suas dívidas com a Alfa Romeo atingiram, em números redondos, 4 bilhões e 500 milhões de cruzeiros, total que, após dois meses de conversações, com aproveitamento de planos já existentes, elaborados pela administração anterior, foi em parte pago e em parte consolidado. Essa composição foi facilitada por um acordo aprovado por todos os órgãos governamentais no qual, além do aval do BNDE, estava incluída a exportação de 800.000 toneladas de minério para a Itália [...] em parcelas anuais de 200.000 toneladas, cujo pagamento seria feito diretamente pela Italcilia à Alfa Romeo, para amortização da referida dívida.

Havia ainda o problema de encomendas feitas à Alfa Romeo, para utilização a prazos curtos e longos, no valor aproximado de 1 bilhão de cruzeiros, encomendas que foram reduzidas à metade, sendo a outra parte cancelada. A Alfa Romeo, que havia suspendido o embarque de componentes de seus veículos para a Fábrica Nacional de Motores, não

Instalações da Fábrica Nacional de Motores, empresa bem projetada, porém mal administrada.

queria recomeçar a entrega sem uma definição de responsabilidades, pois várias peças importadas pelo Brasil precisam ser encomendadas a terceiros, acarretando à mesma, em caso de falta de pagamento da fábrica, a obrigação de saldar o compromisso e ficar com a mercadoria na Itália.

Após várias conversações, a diretoria da Alfa Romeo concordou em reiniciar o envio das peças necessárias. No entanto, nesse reinício de atividades, de acordo com as perspectivas de entrega, só daria para produzir 1.300 caminhões esse ano. Com essa produção, o prejuízo estimado para o exercício do corrente ano seria da ordem de dois bilhões de cruzeiros. Inconformado com a situação e a convite da presidência da Alfa Romeo, o dr. Aloísio viajou para a Itália. Após exposição feita a essa diretoria, foi aprovado *in totum* o plano trienal de expansão, compreendendo a fábrica italiana a necessidade de serem produzidos no mínimo 2.700 caminhões no atual exercício, quantidade com a qual o superintendente entende poder evitar o prejuízo estimado. Com esses planos, a produção de 100 a 150 veículos mensais até abril será aumentada, a partir de maio, para 250 unidades.

E por último, sobre as soluções apresentadas:

As novas máquinas importadas para a usinagem de motores, cabeçotes e bielas

A chegada ao Brasil

já estão em funcionamento. A linha de usinagem da árvore de manivela deverá estar funcionando até 30 de junho deste ano, quando terá uma produção de mil virabrequins, em dois turnos de trabalho. Como a fábrica não terá capacidade para utilizar os 1.000 virabrequins, passará a Fábrica Nacional de Motores a produzir para outras indústrias, aproveitando assim a sua linha de usinagem por completo. O total a ser empregado no plano trienal de expansão da fábrica atinge a casa dos 25 bilhões de cruzeiros. Instado por nosso representante a falar a respeito da continuidade administrativa, afirmou o dr. Aloísio pensar que essa continuidade existirá [...] essa é, na opinião da maioria dos jornalistas, a última oportunidade para que a Fábrica Nacional de Motores entre no rumo certo.

De acordo com o plano de expansão, ao final do período, a Fábrica Nacional de Motores deverá produzir vinte caminhões e quarenta automóveis por dia. Através desse plano a FNM vai contratar na Europa, durante o decorrer deste ano, de trinta a quarenta técnicos de alto gabarito, sem os quais será impossível fazer a fábrica funcionar a pleno vapor. Atualmente o caminhão FNM já atinge um índice de nacionalização de 92% em seu peso, enquanto o carro atinge somente 62%. Do caminhão, ainda vêm da Itália o bloco do motor, que já está começando a ser usinado no Brasil; o cabeçote, com usinagem também já iniciada; o cárter e a árvore de manivelas, que, de acordo com o programa de expansão, deverão começar a ser usinados no Brasil a partir de julho [...]. Do automóvel, importamos ainda a carroceria (que dentro de alguns meses passará a ser feita no Brasil, pois as prensas já estão sendo instaladas), o motor praticamente completo (atualmente ainda vem montado), a caixa de mudanças, o diferencial, os tambores de freio e o painel de instrumentos. O JK deverá ser produzido este ano numa média de cinquenta carros mensais, e seu preço de ta-

A produção do FNM JK ainda tinha um índice de nacionalização considerado baixo, principalmente em relação aos veículos fabricados por outros fabricantes.

bela, no dia em foi feita esta visita, era de 2.950.000 cruzeiros. A fábrica também pretende providenciar uma rede de assistência mecânica ao JK, condizente com o valor e a qualidade do carro. Atualmente a Fábrica Nacional de Motores possui 3.700 empregados, dos quais 1/3 na parte administrativa e 2/3 na parte fabril. Finalizando, afirmou o dr. Aloísio que as previsões da fábrica para 1966/67 são de um lucro líquido da ordem de 16 bilhões de cruzeiros. A [revista] *Mecânica Popular* espera que a nova administração consiga realmente reerguer a Fábrica Nacional de Motores e possa vir a competir, em igualdade de condições, com as demais fábricas, cooperando dessa forma para a recuperação econômica do país.

HERANÇA INCÔMODA

Enquanto o produto da Fábrica Nacional de Motores ia bem, inclusive nas pistas de corrida, as oligarquias brasileiras não viam com bons olhos as medidas saneadoras da administração de João Goulart. Tais oligarquias, com o auxílio da elite militar (que acreditava na iminência de uma revolução comunista) e do governo americano, acabaram depondo o presidente reformista no dia 31 de março de 1964. Aliás, o golpe militar (então tido como "provisório") deu-se no dia 1º de abril, mas, como este é conhecido internacionalmente como o Dia da Mentira, seus líderes decidiram "adiantá-lo" na história oficial.

Com Goulart fora do caminho, os militares empossaram, por eleição indireta, o general Humberto de Alencar Castello Branco, que, no dia 8 de junho, cassou os direitos políticos do então senador Juscelino Kubitschek. Antes disso, porém, ainda em 1º de abril (o dia seguinte ao golpe), Peixoto foi acusado de facilitar a agitação política dentro da empresa e acabou demitido (ironicamente o economista havia sido também, em 1962, um operário líder do PCB, que incitava os colegas à baderna).

Assim, o major Silveira Martins tomou posse na direção da Fábrica Nacional de Motores, que foi alvo de um Inquérito Policial Militar, resultando em prisões e perseguições de operários. Como não seria conveniente ao novo governo permitir a fabricação de um carro que levasse as iniciais do ex-presidente Juscelino, o veículo passou a ser denominado FNM 2000, perdendo as identificações do capô do motor e da tampa do porta-malas, bem como o emblema da capital federal. Já a nova versão do 2000, mais esportiva e que

Major Silveira Martins, novo presidente da Fábrica Nacional de Motores, cuja incumbência era melhorar a produtividade da empresa.

A chegada ao Brasil

deveria se chamar Jango, foi renomeada como FNM Timb (Turismo Internacional Modelo Brasileiro) antes mesmo de chegar ao mercado.

Como sociedade anônima, cujo principal acionista era o governo federal, a FNM passou a enfrentar numerosos problemas em virtude de sua posição, pois tecnicamente não era uma empresa estatal (embora fosse, na prática) e tampouco particular. Outros setores da sociedade encaravam a Fábrica Nacional de Motores não só como um "cabide de empregos", mas também como uma anomalia, à medida que introduzia uma "categoria não mercantil" numa área do sistema reservada exclusivamente ao capital privado (e, na maioria das vezes, multinacional). Para piorar a situação, a fabricante não podia reajustar seus preços conforme a inflação, e isso por decisão governamental, para não "agravar" a crise inflacionária, embora fossem livres os preços na faixa da distribuição. Assim, a diretoria da Fábrica Nacional de Motores enfrentou sérios problemas financeiros, administrativos e políticos. E a maior vítima dessas circunstâncias, é claro, foi o FNM 2000.

Apesar da Fábrica Nacional de Motores ter se tornado uma pedra no sapato dos militares, Silveira Martins trabalhava duro para colocá-la em ordem. A produção dos carros de passeio subiu para 168 unidades em 1964 e 388 em 1965, mas ainda persistia o fato de um índice de nacionalização muito baixo. Nesse último ano, por exemplo, o 2000 tinha 82% de seu peso nacionalizado, o que equivalia a apenas 65% de seu valor, números esses muito inferiores aos praticados pela concorrência. Em 1966, porém, mais carros saíram das linhas de montagem (474 unidades). Além disso, o major já tentava colocar em prática seus planos ambiciosos, pois iniciou contatos com a Renault, a NSU e a Morris, buscando com isso obter projetos e tecnologia que permitissem à Fábrica Nacional de Motores lançar um carro popular.

Completando o quadro, houve ainda a construção de um veículo militar, o Cutia (em homenagem ao mamífero brasileiro que é um dos maiores roedores do mundo), o qual utilizava os componentes mecânicos do FNM 2000. O Cutia, apelidado de "tartaruguinha", foi o primeiro blindado sobre lagartas projetado por alu-

O Cutia, tentativa da Fábrica Nacional de Motores de diversificar seus produtos.

nos do Curso de Engenharia Industrial e de Automóvel do Instituto Militar de Engenharia. Construído pela Fábrica Nacional de Motores em 1965, foi exposto, no ano seguinte, no Pavilhão de São Cristóvão, no Rio de Janeiro, RJ. Além do Cutia, é da mesma época o Onça, um esportivo inspirado no Ford Mustang, projetado por Rino Malzoni, que também tinha o apoio do major Silveira Martins e empregava a mecânica do FNM 2000 com carroceria de compósito de fibra de vidro, como veremos mais adiante. Outra ideia do militar era um chassi para ônibus com motor traseiro e uma moderníssima cabine para caminhões, denominada Futurama, que não chegou a sair do protótipo construído.

PERÍODO DE INCERTEZAS

Apesar do bom trabalho desempenhado pelo major, os militares decidiram, em 1967, que era hora de livrar-se da Fábrica Nacional de Motores, privatizando-a e sepultando de uma vez por todas a indesejável herança que, aprimorada por Juscelino, remontava ao populismo de Vargas.

Em janeiro do ano seguinte a revista *Automóveis & Acessórios* publicou uma nota na qual afirmava que

> o sr. Renato de Paiva Barbosa, chefe de propaganda da Fábrica Nacional de Motores, revelou que o interesse de várias indústrias automobilísticas europeias em produzir alguns de seus veículos em conjunto com a Fábrica Nacional de Motores acentuou-se depois que muitas dessas fábricas verificaram o interesse da Chevrolet, da Ford e da Chrysler, as três mais poderosas do mun-

do, em construir carros brasileiros. Porém, nada existe de concreto ainda e a própria FNM aguarda os contatos que deverão ser feitos. As fábricas que mais se interessaram pelo problema foram a Land Rover, a Renault, a Morris, a Austin, a MG e algumas outras em menor escala, além da própria Alfa Romeo, que, parece, vencerá a questão com as demais.

Vale citar que, ainda em 1967, Jack Jean Pasteur, antigo dirigente da Simca do Brasil, foi dispensado pelos novos proprietários desta última (ou seja, os americanos da Chrysler) e passou a colaborar com a Fábrica Nacional de Motores, cujo novo presidente, Elias Souza, havia sucedido Silveira Martins. A missão do francês era sanear a empresa e torná-la atraente ao capital estrangeiro. A primeira atitude de Pasteur foi interrom-

A chegada ao Brasil

Jack Jean Pasteur (ao centro), ex-dirigente da Simca do Brasil, passou a trabalhar para a Fábrica Nacional de Motores em 1967; sua missão era tornar a empresa atraente para o capital estrangeiro.

per todos os projetos em andamento, encerrando (ou abortando) a produção do Cutia, do Onça, do caminhão Futurama e do hipotético carro popular. E deu certo: a produção dos FNM 2000 e Timb subiu para 714 unidades e viabilizou o plano dos militares para vender a Fábrica Nacional de Motores.

Em 1968, a Indústria Brasileira de Automóveis Presidente (Ibap) e a Automóveis e Motores Centaurus S.A., duas empresas de capital totalmente nacional, interessaram-se pelo acervo da Fábrica Nacional de Motores e tentaram adquiri-la. A história da tentativa do empresário Nelson Fernandes, da Ibap, é muito interessante, conforme conta Roberto Nasser em seu livro *Democrata – O carro certo no tempo errado*:

> Fernandes procurou a Fábrica Nacional de Motores. O governo Castello Branco havia decidido vendê-la. Foi recebido pelo presidente [...]. O motivo, a enorme,

imbatível e ociosa capacidade industrial da Fábrica Nacional de Motores, melhor equipada das usinas de automóvel do país [...]. Silveira acompanhou pessoalmente o grupo da Ibap, afirmando, em círculo privado, sua preferência pela venda à empresa brasileira.

Para levantar o dinheiro que possibilitaria a compra da Fábrica Nacional de Motores pela Ibap, seus responsáveis realizaram uma assembleia extraordinária com os sócios do empreendimento. Cada um deles concordou em pagar 30.000 cruzeiros divididos em sessenta parcelas e, como garantia para o governo federal, aceitaram oferecer o terreno de São Bernardo do Campo no qual a Ibap estava instalada.

Porém, a possibilidade do FNM 2000 deixar de ser fabricado para dar lugar ao Democrata (o carro da Ibap) logo se desvaneceu: a proposta de compra não foi aceita pelo ministro da Indústria e Comércio, Edmundo de Macedo Soares, e, ao mesmo tempo, a Ibap passou a ser alvo de perseguição por parte do Banco do Brasil até ser obrigada a encerrar suas atividades. Assim, 82,46% da Fábrica Nacional de Motores acabaram sendo vendidos por 36 milhões de dólares para outra estatal, a Alfa Romeo italiana, por intermédio do Contrato de Promessa de Cessão de Ações de 29 de julho de 1968.

Se o empresário Fernandes não teve condições de expor na mídia qualquer relato sobre sua experiência na tentativa de compra da Fábrica Nacional de Motores, o mesmo não se pode dizer da Centaurus. A empresa publicou matéria paga pouco tempo depois, no jornal *Diário de Notícias*, no dia 7 de janeiro de 1970. Entre outros aspectos, a Centaurus provava que a venda da empresa havia ocorrido em um domingo, algo no mínimo estranho. Porém, por motivos óbvios, o assunto logo caiu no esquecimento.

Voltando à Fábrica Nacional de Motores: começou, então, o processo de escolha, dentro da Alfa Romeo italiana, para selecionar um novo dirigente e dar andamento à produção do FNM 2000. Logo surgiu o nome de Rolf Vio, um engenheiro italiano de 58 anos. Formado pela Escola Técnica de Milão, antes de entrar para a matriz da fabricante, já havia ocupado cargos de elevada respon-

A ideia da Ibap era substituir a produção do FNM 2000 pelo Democrata, mas a negociação não deu certo.

A chegada ao Brasil

sabilidade em empresas igualmente importantes: foi diretor comercial e depois diretor-geral da Fonderie Acciaierie Milanesi Vanzetti e da Acciaierie Crucible Vanzetti; diretor para o sul da Europa e o Oriente Médio da metalúrgica americana Crucible Steel; e diretor-presidente do Grupo das Indústrias de Fundição de Aço da Itália. Posteriormente, ao ingressar na Alfa Romeo, ocupou o cargo de diretor de compras e, por fim, foi enviado ao Brasil para ser diretor-superintendente da Fábrica Nacional de Motores.

Nesse mesmo ano, a Alfa Romeo cessou a produção do 2600 na Itália, o que certamente implicou com a importação do restante do ferramental de carroceria, colaborando com a nacionalização do veículo, além de permitir o aumento de sua produção, a melhoria na qualidade do produto e uma pequena diminuição, em termos percentuais, no custo do mesmo.

CAPÍTULO 3

A EVOLUÇÃO DOS MODELOS

FNM JK 2000

O lançamento do FNM 2000 JK ocorreu em 21 de abril de 1960, no feriado de Tiradentes, o que pode ser explicado pela motivação política que envolvia a produção do veículo, a qual deveria coincidir com a inauguração de Brasília. Assim, em um clima de otimismo sem precedentes na nossa história, Juscelino provava à sociedade que conseguira trazer o Brasil para o século XX, tanto em relação à construção da nova capital quanto ao advento do acelerado processo de industrialização. Falando neste último, destaca-se o setor automobilístico, que então contava com um produto de alta qualidade e reconhecido padrão tecnológico, tendo em vista que o projeto mecânico dos concorrentes (Aero-Willys e Simca Chambord) era nitidamente inferior.

A carroceria do tipo sedã com quatro portas era a mesma do Alfa Romeo lançado na Itália em 1957, durante o Salão do Automóvel de Turim. Com 4.710 mm de comprimento, era considerado um carro de grande porte para os padrões brasileiros e europeus.

O motor de quatro cilindros do FNM 2000 JK era instalado na longitudinal e desenvolvia potência de 108 cv a 5.400 rpm, sendo dotado de requintes como carburador duplo, câmaras de combustão hemisféricas, cabeçote em alumínio com duplo comando de válvulas acionadas por corrente e válvulas de escapamento arrefecidas a sódio. O sistema de transmissão com caixa de cinco marchas, usado pela primeira vez no Brasil, tinha alavanca de

Alfa Romeo 2000; Berlina italiano de 1957, praticamente idêntico ao FNM JK lançado no Brasil em 1960.

Apenas no modelo de 1960 do FNM JK as garras do para-choques eram pequenas, idênticas ao modelo italiano.

acionamento situada na coluna de direção. Destacava-se pela embreagem de comando hidráulico e pelo cardã com duas juntas torcionais de borracha e uma junta universal, com rolamento em seu suporte intermediário. O cardã era necessário, já que o motor era dianteiro e a tração, nas rodas traseiras, o mais tradicional na época. Os freios hidráulicos, a tambor nas quatro rodas, tinham aletas helicoidais externas para melhor dissipação do calor, mas mostraram-se inadequados ao veículo, posto que, para a época, era um carro muito veloz, alcançando até 160 km/h, passando a ser o veículo de série mais rápido do Brasil.

A suspensão dianteira, do tipo independente, apresentava braços triangulares paralelos, molas helicoidais, amortecedores hidráulicos e barra estabilizadora. Atrás, havia um eixo rígido do tipo semiflutuante com molas helicoidais, ancorado por meio de dois braços inferiores articulados e um triângulo de reação superior. Essa suspensão, aliada aos pneus radiais Pirelli Cinturato, os primeiros do tipo fabricados no Brasil, resultava em grande estabilidade, embora com um comportamento rígido e áspero.

Em razão de forte influência política, o capô do carro vinha com o emblema JK, em alusão a Juscelino Kubitschek, e o do Palácio da Alvorada.

O JK vinha com descansa-braço escamoteável no banco traseiro, um acessório de luxo para a época.

O FNM 2000 JK ganhador da V Mil Milhas Brasileiras, corrida realizada no Autódromo de Interlagos, em São Paulo. O carro, pilotado por Chico Landi e Christian Heins, foi exposto no Salão do Automóvel em novembro de 1960, ainda sujo.

Internamente, os bancos eram revestidos em couro, sendo que o dianteiro tinha encosto regulável, reclinando-se até a horizontal (característica inédita no Brasil), e o traseiro vinha com um descansa-braço escamoteável em sua parte central, que, quando guardado, permitia levar um terceiro passageiro. O carro apresentava completo sistema de ventilação interna, desembaçador, vários sistemas de iluminação (no habitáculo, no compartimento do motor e no porta-malas), quadro de instrumentos com velocímetro linear e conta-giros e espelho retrovisor interno fixado no painel. Além de tudo isso, havia um jogo de ferramentas que, acomodado em um pequeno cofre no porta-malas, contava com calibrador de pneus e velas sobressalentes, além de outros requintes como luz denunciadora que acusava o afogador acionado. Tratava-se, sem dúvida alguma, de um veículo superior a tudo o que se fazia no Brasil da época. E dos próximos anos também.

Vale citar que nesse mesmo dia 21 de abril realizou-se a chamada Prova Inauguração de Brasília, que, na categoria Turismo, foi vencida por Francisco "Chico" Landi com um FNM 2000 JK! Mas pouco havia de nacional no carro além, é claro, do emblema que trazia seu nome: as primeiras unidades nada mais eram do que veículos italianos importados em regime de CKD (sigla em inglês de "Completely Knocked-Down", completamente desmontado, em português) e montados no Rio de Janeiro. Em pouco tempo, porém, foi iniciado um lento processo de nacionalização, sendo exemplo disso as garras de para-choques: as peças italianas eram pequenas, enquanto as brasileiras se mostravam um pouco maiores.

O FNM rodava bem em qualquer lugar, mas a estrada era seu hábitat natural.

A evolução dos modelos

A boa velocidade máxima era conseguida através do motor de características esportivas associado ao câmbio de cinco marchas, com a quinta desmultiplicada. A aceleração também era ótima e demorava apenas 16 s para atingir os 100 km/h. Era de longe o carro de série mais veloz do Brasil, título que deteve durante vários anos, mais precisamente até 1969, com o lançamento do Opala de seis cilindros.

Na época, a indústria automobilística brasileira ainda dava os primeiros passos, e a quantidade de automóveis à escolha do consumidor era tímida, diferentemente dos dias de hoje, em que a oferta de produtos é muito diversificada. Em 1960, além do FNM, havia outros dois sedãs grandes, que eram seus concorrentes, mas totalmente diferentes entre si: o Simca Chambord e o Aero-Willys.

SIMCA CHAMBORD

Lançado em março de 1959, o Simca Chambord era idêntico ao modelo homônimo francês de 1958. O motor era o cobiçado oito-cilindros em "V", só que pequeno e de válvulas no bloco, já que era herdado do Ford dos anos 1930, desenvolvendo apenas 84 cv. A velocidade máxima girava em torno de 135 km/h. O carro cativou o brasileiro principalmente por sua beleza, ajudada pela traseira com estilo rabo de peixe, ainda muito apreciada naqueles tempos. Era um veículo luxuoso e de boa estabilidade, mas entre os carros "tropicalizados" foi o que mais sofreu para se adaptar às condições brasileiras, tanto no clima, muito mais quente que na França, quanto pelas péssimas condições das nossas ruas e estradas.

As primeiras unidades fabricadas apresentavam vários problemas, como superaquecimento do motor e diversas falhas no controle de qualidade da produção. Nos anos que se seguiram, porém, a Simca corrigiu, na medida do possível, muitos pontos fracos. Chegou então a série Tufão, em 1964, composta por bons carros. Houve também melhorias no motor, cuja potência subia para 100 cv.

O Simca Chambord 1959 cativou o consumidor brasileiro por sua beleza.

A empresa também levava vantagem em relação à Fábrica Nacional de Motores pela variedade de produtos à disposição do comprador: em 1960 lançou o superluxuoso Présidence, cuja maior característica era o estepe do lado de fora do porta-malas, no melhor estilo Continental. Em 1962 criou a versão esportiva chamada Rallye e, no ano seguinte, a perua Jangada.

Em 1966 saiu a série EmiSul, cujo motor ganhou um kit com válvulas no cabeçote e câmaras de combustão hemisféricas, podendo atingir inimagináveis 140 cv. Mas problemas na fabricação deste motor mancharam de vez a imagem do Chambord, que saiu de linha em 1967 e foi substituído pelo Esplanada, que nada mais era que um Chambord reestilizado.

AERO-WILLYS

O Aero-Willys foi lançado em 5 de março de 1960 e era praticamente o mesmo fabricado nos Estados Unidos em 1955. Ou seja, os três concorrentes nessa faixa de mercado originavam-se de países diferentes: França, Estados Unidos e Itália.

O nosso Aero tinha a mesma mecânica do Jeep, ou seja, o antigo motor seis cilindros em linha, com válvulas de escapamento no bloco e de admissão no cabeçote, que desenvolvia 90 cv, levando o carro a uma velocidade máxima de 120 km/h.

Entre os concorrentes, o Aero-Willys era o mais simples tanto na mecânica quanto nos itens de conforto, mas isso acabou sendo uma vantagem mercadológica, já que era o mais barato dos três. Além disso, era feito em maior número (principalmente se comparado com o FNM 2000 JK), o controle de qualidade era superior e o número de pontos de assistência técnica também. A mecânica antiga, que poderia ser um problema, acabou sendo um aliado, já que ele enfrentava as péssimas ruas e estradas brasileiras sem grandes problemas. Apesar de mais lento, era o mais seguro, pois a chance de quebrar era bem menor! Dos três, o Aero-Willys sempre foi o líder de vendas.

O Aero-Willys 1960 conquistou o público com sua mecânica robusta.

A evolução dos modelos

À esquerda: Aero-Willys 2600 de 1963, carroceria desenhada exclusivamente para o mercado brasileiro. À direita: Itamaraty 1966, um carro luxuoso e cobiçado pelo público de maior poder aquisitivo.

Em 1963, o carro ganhou, pela primeira vez na história de nossa indústria, uma carroceria exclusiva do Brasil (caso não se considere o DKW-Vemag Fissore), muito embora se baseasse nos desenhos que Brooks Stevens fez para o Aero americano de 1955, que nunca foi produzido. Esse veículo foi rebatizado como Aero-Willys 2600.

O ano de 1966 ficou marcado com o lançamento do Itamaraty, uma versão mais luxuosa do Aero-Willys, que passou a ser um carro muito desejado no mercado, porém a fabricação deste modelo só durou até 1971.

UM POSSÍVEL NOVO CARRO

Com a renúncia de Jânio Quadros, João Goulart (cujo apelido era Jango) assumiu a presidência do Brasil em setembro de 1961. Com isso a fábrica, do mesmo modo que fizera com Juscelino, decidiu homenageá-lo em 1962 com um possível lançamento de uma nova versão mais luxuosa e esportiva do FNM 2000. Esse carro chegou a ser chamado no início do projeto de FNM 2000 TI (Turismo Internacional), mas logo o projeto foi rebatizado de FNM 2000 Jango. Iria se diferenciar pelo visual mais esportivo, com a linha do capô mais baixa, já que foi retirada a elevação central. Internamente ostentava bancos individuais revestidos de couro e volante de três raios com aro de madeira. Tinha ainda vidro traseiro verde, para-choque dianteiro bipartido, sendo o traseiro sem garras, e pintura metálica.

Em termos mecânicos, o FNM 2000 Jango contaria com alavanca de câmbio no assoalho, taxa de compressão elevada de 7:1 para 8,25:1 e preparação para

O FNM 2000 TI chegou a ser oferecido para testes nas revistas especializadas em 1962, mas seu lançamento demoraria pelo menos outros quatro anos.

receber quatro carburadores duplos horizontais. Estes últimos, bem como seus respectivos coletores, seriam vendidos como acessório nas concessionárias da Fábrica Nacional de Motores e, uma vez montados, permitiram ao motor desenvolver, segundo o fabricante, 160 cv. Foram feitos três protótipos, já que o lançamento do carro estava previsto para ocorrer no final de 1962, por ocasião da terceira edição do Salão do Automóvel de São Paulo.

Enquanto o "novo" FNM era projetado, o FNM 2000 JK seguia no mercado com boas vendas. Afinal, a procura era maior que a oferta, por causa da baixa produção, e o carro era superior aos concorrentes, tendo em vista que os carros nacionais "grandes" não eram tão eficientes e modernos quanto o veículo feito em Xerém, que só podia ser equiparado aos caríssimos importados europeus. Assim, eram comuns depoimentos como os seguintes, extraídos de um exemplar da revista *Mecânica Popular* de 1961:

O sr. Bruno Grosso é italiano, gosta de dirigir automóveis, de sentir o carro e exigir dele o que puder dar. Adquiriu um JK por causa do motor Alfa Romeo, seu velho conhecido, pela beleza simples do carro, conforto, segurança, alta velocidade que desenvolve e as cinco velocidades da caixa, que, segundo ele, "prestigiam o motorista". "Meu JK", disse o sr. Grosso, "é simplesmente formidável e o escolhi pelas seguintes razões": Na estrada – "Ando nas estradas à velocidade que desejar, pois até 160 km/h o JK me oferece. Indo a 100, na quinta, e querendo passar um Cadillac, mudo para a quarta, piso no acelerador e num piscar de olhos o carrão já sumiu lá atrás. Em qualquer marcha e terreno, estrada boa ou ruim, acidentada ou plana, meu carro pode pular na frente de qualquer outro e só passa por mim quem eu quero". Na cidade – "Na cidade, o JK tem um desempenho fora do comum. Sua arrancada me permite andar sempre na cabeça da fila, sua direção é justinha e de uma precisão extraordinária. Posso mudar de fila sem problema, ajudado pela visibilidade, da qual não se pode exigir nada melhor". Espaço – "É coisa que não falta no JK. Tem bastante para tudo. O porta-malas é amplo e cabe muita bagagem. O cofre do motor permite uma distribuição perfeita de tudo, tornando fácil achar qualquer coisa dentro dele. As portas são do tamanho ideal, e os bancos, de raro conforto. Ainda dobram e fazem cama para uma emergência". Pontos

O FNM JK era muito cobiçado no mercado, mas, por conta da pequena produção, era bem difícil adquiri-lo.

altos: "O ponto alto do JK é ele inteirinho. É bom de suspensão, motor, carroceria, acabamento interno e externo. Faz 10 km/l, não tem grilos nem ruídos, não bate lata, as portas fecham com um simples toque, tem horror a oficina e, afinal, é todo bom".

Independentemente de ter ou não todas as virtudes citadas por seu entusiasmado proprietário, era difícil saber se o FNM 2000 JK realmente se constituía em um automóvel tão bom. Afinal, era quase impossível comprá-lo. Na tabela de preços de carros novos da revista *Quatro Rodas*, era feito um adendo que servia para a Vemag, Willys e Volkswagen: "O prazo de entrega dos veículos varia em conformidade com a cidade e as circunstâncias de mercado". No caso da Simca, tudo era mais simples, pois para os carros dessa empresa havia entrega imediata. No caso da Toyota, cujos utilitários sempre tiveram produção pequena, a entrega demorava um mês. Já no caso da FNM a informação se mostrava preocupante: "entrega indeterminada".

A OPINIÃO DA IMPRENSA

O FNM JK apareceu pela primeira vez em teste na antiga revista *Mecânica Popular*, cujo texto era assinado por Mauro Salles, que em breve se tornaria um dos maiores publicitários do país.

Houve algumas pequenas críticas, como suspensão traseira um pouco dura, que dava saltos em ruas esburacadas; carburador de difícil regulagem, que exigia manutenções constantes; e a alavanca de mudança de marcha com a posição da 1ª, 3ª e 5ª muito próximas, o que faria o motorista correr o risco de engatar a primeira marcha em vez da terceira com o carro já em velocidade.

Mas, em geral, o carro ganhou muitos elogios, como velocidade e aceleração imbatíveis, bancos reclináveis até a posição horizontal, porta-luvas com chave e porta-objetos nas portas, para-sol com espelho do lado do passageiro – que agradou as mulheres – e painel com um festival de botões, incluindo luz para indicar se o afogador estava puxado, bem diferente dos padrões brasileiros da época.

Salles mencionou o baixo nível de nacionalização do carro se comparado com a concorrência, algo que decorria dos problemas financeiros da FNM, mas, dizia ele, "isso melhoraria com o tempo". O artigo também citava algumas diferenças do modelo brasileiro em relação ao italiano, como a taxa de compressão reduzida de 8.25:1 para 7:1, por causa da qualidade inferior da nossa gasolina; para compensar a perda de potência, a relação da coroa e pinhão foi reduzida de 9/43 para 8/41. Mesmo assim, o JK era um grande carro, muito acima da média à qual os brasileiros estavam acostumados.

A declaração final da matéria era a de que "o carro é muito agradável de dirigir, principalmente para os que gostam de ter sob seu comando um veículo disposto e veloz, de excelente manobra".

A revista *Quatro Rodas* publicou seu primeiro teste do FNM 2000 JK em agosto de 1962. Não se tratava de uma matéria de Expedito Marazzi, que, no dia 13 desse mesmo mês, leu o anúncio publicado no jornal *O Estado de S. Paulo* pela Editora Abril, o qual informava a abertura de uma vaga na empresa para "redator com estilo leve e brilhante, tendo conhecimento técnico sobre automóveis". Esse tipo de texto, até aquele momento, era escrito pelo major Jorge Alberto Silveira Martins, que tinha publicado uma informação interessante: as cores que a Fábrica Nacional de Motores disponibilizava para seu carro de passeio. Eram elas: preta, azul-cobalto, cinza Alvo-

O redator Mauro Salles testa o JK para a revista *Mecânica Popular*.

A evolução dos modelos

rada, ouro Antigo, azul Garda e, em 1962, Cardeal, Espuma e verde Olímpico.

Além de enaltecer o moderno projeto mecânico, a reportagem ressaltava "uma característica incomum: ambos os encostos dianteiros podem ser dobrados até formar uma cama com o assento traseiro", algo interessante para quem fazia longas viagens rodoviárias e precisava descansar no meio do caminho. Mas os *playboys* do tempo certamente encontraram outra função para esse conforto. As ferragens do sistema de inclinação do encosto, entretanto, eram tidas como "frágeis" demais pela *Quatro Rodas*, o que pode ter trazido surpresas desagradáveis para algumas pessoas.

No tópico "dirigibilidade", o FNM recebeu muitos elogios:

> A condução do JK é extremamente agradável. Os instrumentos (que incluem até luz denunciadora de que o abafador já está acionado) desempenham seu papel de forma positiva, não causando o menor embaraço. O velocímetro, bem como o marcador de gasolina e todos os demais indicadores que integram o painel, permite fácil leitura. Os comandos de pé (pedais de embreagem de freio e acelerador) são de desempenho prático e ótima utilização. Há apenas uma pequena restrição quanto à distância entre os pedais de freio e acelerador. O comando hidráulico de embreagem permite leveza e exatidão no seu uso. A alavanca de mudanças é de tamanho suficiente para exigir pouco esforço e o seu sistema, bem ajustado, torna fácil o que vem à primeira vista. Tem-se como difícil: dirigir usando as cinco marchas. A luz automática do indicador de marcha a ré auxilia bastante a manobra.

O FNM JK tinha painel completo, banco inteiriço, alavanca de câmbio na coluna de direção e volante de duas cores.

No Salão do Automóvel realizado em São Paulo no final de 1960, o FNM 2000 JK foi uma das maiores atrações.

O mais completo painel de instrumentos da época, inclusive com conta-giros.

E continuava Silveira:

Em todas as situações o carro porta-se a contento, mas é nas estradas que demonstra as suas principais características. Desenvolve velocidades elevadas com extrema facilidade. Sua direção e ótima estabilidade permitem vencer longos trajetos com rapidez dentro do mais absoluto conforto e segurança. Aliás, a propósito da estabilidade, convém mencionar o excelente sistema de suspensão. Mesmo sob mau tempo, o JK se sobressai, mantendo características difíceis de encontrar em outros carros. O seu completíssimo equipamento, que inclui ventilação interior, assegura comodidade ao motorista e aos demais ocupantes do veículo; a boa iluminação e visibilidade garantem sempre uma viagem tranquila. Uma derradeira recomendação: trafegando por estradas ou ruas de leito irregular, é aconselhável reduzir a velocidade, em consequência das oscilações laterais provocadas pela suspensão e da reduzida altura do solo, fator positivo da estabilidade, mas que pode causar problemas na lama e na areia.

Quando o assunto virava "velocidade", mais elogios:

Esse é um dos pontos altos do FNM 2000, o que, aliás, ficou demonstrado continuamente em competições. A velocidade máxima indicada obtida em pista livre alcançou os 163 km/h, correspondendo a 158 km/h reais. A velocidade máxima indicada obtida em pista de 1 km foi de 150 km/h, correspondendo a 145,1 km/h reais. Nas diferentes marchas, as velocidades máximas indicadas foram: 40 km/h em 1ª; 70 km/h em 2ª; 100 km/h em 3ª; 140 km/h em 4ª e 163 km/h em 5ª, sendo

O escapamento era embutido no para-choque.

A evolução dos modelos

49

previstas pela fábrica as seguintes: 40 km/h em 1ª; 67 km/h em 2ª; 97 km/h em 3ª; 132 km/h em 4ª; 155 km/h em 5ª. Essas velocidades correspondem à rotação do motor em sua potência máxima. Para efeito de emprego, deverão ser utilizadas velocidades abaixo. Fácil se torna o controle pelo conta-giros, que apresenta uma faixa em vermelho, acima de 5.400 rpm, indicando assim ao motorista a ocasião propícia para as passagens de marcha, mesmo no caso de acelerações máximas.

E finalizava:

Direção leve e sem vibrações também foram citadas (curiosamente o carro era conhecido por ter direção pesada), bem como a boa aceleração, os freios eficientes e o consumo médio de 6,8 km/l.

A *Quatro Rodas* finalizava assim o teste:

O FNM 2000 condensa em seu projeto tudo o que se possa desejar num carro de alta classe. Seguro, cômodo, confortável, é também relativamente econômico, muito robusto e de excepcional estabilidade. Seus freios são ótimos e a sua aceleração acima do comum. Todas essas qualidades do carro exigem manutenção especializada e um motorista de valor, que o conheça bem e saiba mantê-lo e dirigi-lo como ele merece.

Um fato importante ocorreu nesse mesmo ano de 1962: a Alfa Romeo, na Itália, interrompeu a produção do modelo 2000, substituindo-o por um carro de mesma carroceria, mas com motor de

A partir de 1961, o JK ganhou garras de para-choques maiores.

No Salão do Automóvel em novembro de 1964, finalmente foi apresentado o novo e mais luxuoso FNM, com o nome oficial de Timb, mas as vendas só se iniciariam em 1966. Por fora a maior diferença era a frente sem ressalto.

2.600 cm³ e seis cilindros em linha. Apesar de ter dois cilindros a mais, o motor coube sem grandes problemas no cofre do 2000, sendo possível imaginar que os projetistas da empresa já pensavam em tal variação ainda na década de 1950. Lançado no Salão do Automóvel de Genebra, o Alfa Romeo 2600 obteve o êxito que não foi atingido pelo 2000, mas a variação nunca chegou ao Brasil, exceto pelos esportivos conversíveis importados por empresas independentes.

Apesar disso, tal mudança certamente permitiu que a Fábrica Nacional de Motores importasse parte do ferramental mecânico do carro. Era uma boa notícia, porque, em certos casos, a importação de peças tinha um preço muito alto e, segundo aqueles que criticavam a estatal, isso era feito em quantidades superiores às necessárias, caracterizando-se como desperdício de dinheiro público, que poderia ser mais bem investido em educação e saúde. Afinal, a população não come carros...

Na quarta edição do Salão do Automóvel, ocorrida no final de 1964, a fábrica apresentou finalmente o FNM 2000 Jango rebatizado com o nome FNM 2000 Timb, como já citado anteriormente. Tal como se previa, seu motor mais forte, com 115 cv (contra 95 cv do FNM 2000), conseguido através de uma maior taxa de compressão (8,25:1 contra 7:1) e pela alimentação dos dois carburadores duplos horizontais Weber, eram modificações que permitiam ao novo FNM chegar à velocidade final de 165 km/h. Mas o Timb estava exposto apenas para verificar a reação do público e só entraria em produção num futuro próximo (afinal, a fábrica já tinha muitas dificuldades para fazer o 2000 e sua linha de caminhões). No modelo normal a única diferença estava no nome, que perdeu o sufixo JK, conforme explicado no capítulo anterior.

A evolução dos modelos

Uma curiosidade: em 1966, o FNM 2000 "aproveitou-se" da imagem esportiva gerada pelo filme italiano *Upperseven*, que inspirava-se no sucesso do espião britânico James Bond. Na trama, o agente secreto Upperseven, interpretado por Paul Hubschmid, um gênio dos disfarces, tentava salvar o mundo da organização criminosa internacional comandada pelo russo "Kobra" Kubrusly. Por tal motivo, durante o desenrolar da história, Upperseven acaba perseguindo o vilão Santaz, assassino profissional e braço direito de "Kobra" que, ao volante de um Alfa Romeo 2000, brindou o público com uma das mais belas caçadas automobilísticas do cinema italiano.

Em 1966 finalmente o Timb foi lançado, passando a ser o carro mais caro do Brasil. Mas não se sabe ao certo quantas unidades foram feitas, já que, nas tabelas da Anfavea, o carro se misturava ao FNM 2000. Ele é hoje muito raro e cobiçado entre os colecionadores. Já o FNM 2000 manteve-se praticamente inalterado.

Nesse mesmo ano, o major Silveira Martins anunciava planos de novos carros fabricados pela empresa, entre eles o de produzir um automóvel popular e, deste modo, já estava em contato no exterior com a Renault, a NSU e a Morris, para uma possível parceria. Outra novidade, que já estava em fase de protótipo era um cupê esportivo sob a mesma plataforma do FNM 2000, batizado de Onça. Havia também um projeto de um novo carro com chassi encurtado, cuja carroceria seria fabricada pela Brasinca (que nessa época já fabricava o cobiçado esportivo Brasinca 4200 GT, com motor Chevrolet de seis cilindros) e que seria provavelmente um esportivo.

Desses projetos, o único que foi adiante foi o Onça, que foi apresentado ao público no final do ano, na ocasião da quinta edição do Salão do Automóvel, sendo uma das grandes sensações do evento, que ainda apresentou várias novidades, como o Ford Galaxie, o Puma GT com mecânica DKW-Vemag, e o Simca Esplanada. O Onça era um belo esportivo cujo desenho fora feito por Rino Malzoni, já famoso pela criação do esportivo GT Malzoni, cuja mecânica era do DKW-Vemag, dando origem ao Puma GT lançado no Salão.

O Onça era construído de forma artesanal em Matão, interior do estado de

O interior do Timb vinha com bancos individuais e alavanca de câmbio no assoalho.

O "coração" (ou *cuore*) da grade da frente vinha com o emblema da FNM, uma abstração do original (à esquerda).

A partir de 1964, o carro perdeu o emblema JK, passando a se chamar FNM 2000.

São Paulo, onde ficava a empresa de Rino Malzoni. Lá o advogado e *carrozziere*, isto é, projetista e construtor de carrocerias, recebia a base da plataforma do FNM 2000 e a encurtava em 220 mm, que então recebia a carroceria confeccionada em compósito de fibra de vidro. Media no total 4.420 mm de comprimento, 290 mm menos que o original, e cujo peso era de 1.100 kg (o FNM 2000 pesava 1.360 kg). Depois de montada e pintada, a carroceria era enviada de volta a Xerém, onde os componentes mecânicos e elétricos, além dos itens de conforto e de decoração, eram montados à mão, fora da linha de produção.

O carro usava a plataforma 00200 do Timb (motor mais forte com mais

A evolução dos modelos

115 cv líquidos) e alavanca de marchas no assoalho. Era mais aerodinâmico, com os confortos do FNM 2000, incluindo até ventilador – acessório que naquela época era apenas dos carros de luxo –, estofamento em couro e volante esportivo Walrod, recém-lançado e o *melhor* em personalização esportiva. Ninguém sabe ao certo quantos Onças foram feitos, mas pelo que se tem registro foram menos que dez unidades durante o curto período em que foi fabricado, que durou apenas até 1967. Atualmente pelo menos dois exemplares estão nas mãos de colecionadores, que o salvaram da extinção.

Em junho de 1968, quando Marcelo Azeredo substituiu Elias Souza na Fábrica Nacional de Motores, a revista *Quatro Rodas* voltou a testar o FNM 2000. Dessa vez o texto era assinado por Expedito Marazzi, mas poucas foram as diferenças notadas pelo piloto, professor e jornalista, caso seu artigo seja comparado com aquele publicado em agosto de 1962. Um detalhe curioso notado por Marazzi comprovava a falta de cuidado do controle de qualidade da estatal: "O porta-malas é amplo (...). À direita está a bateria; à esquerda, a caixa que abriga o macaco e o jogo de ferramentas. De acordo com o manual do proprietário, deveria haver até manômetro para regulagem de pneus. Mas não havia". Se isso ocorreu em um carro oferecido em regime de comodato para a imprensa, não é difícil deduzir o que ocorria no caso das unidades vendidas aos clientes da fábrica.

O FNM 2000 enfocado trazia alguns aperfeiçoamentos mecânicos interessantes, como alternador no lugar do dínamo e limpadores de para-brisa com nova fixação. Por fora, havia apenas algumas pequenas mudanças, como a eliminação dos frisos da grade dianteira, chamada de "bigode", do friso cur-

Carros da FNM para 1966: da esquerda para a direita, FNM 2000, Onça e Timb.

Onça: poucas unidades deste belo carro foram fabricadas.

Para 1968, o FNM 2000 perdeu os frisos que contornavam a caixa de rodas e os frisos da grade dianteira (bigode); o friso lateral ficou mais comprido.

Novo FNM 2150, de 1969: a nova frente e a lateral com ausência de frisos foram as principais mudanças visuais.

vo que contornava as caixas de rodas, e o friso lateral, que foi estendido até o para-lama traseiro. O responsável pelo teste demonstrou, ao final da matéria, uma opinião bastante positiva:

> Doze anos depois de sua concepção, o FNM 2000 é ainda um carro atualizado. Seu projeto tem reais qualidades e, sob todos os aspectos, ele impressiona favoravelmente como um carro resistente. Muitos pequenos defeitos foram apontados, mas todos solucionáveis com um pouco de carinho por parte dos fabricantes, porque classe ele esbanja, e não é um carro para qualquer um. Duro, mas estável, o carro tem condições para agradar mesmo ao *gourmet* do volante, que vê num automóvel mais que um simples meio de transporte.

Durante a realização da sexta edição do Salão do Automóvel de São Paulo, no final do ano de 1968, a Alfa Romeo, nova proprietária da empresa, apresentou o novo modelo da Fábrica Nacional de Motores. Enquanto muitos esperavam o lançamento do Giulia e de outros carros modernos, a empresa decidiu apenas aprimorar o veículo já existente. Por tal motivo, o Timb deixou de ser fabricado, enquanto o FNM 2000 recebeu sua primeira modificação com nova grade e cilindrada aumentada, que passou dos tradicionais 1.975 cm^3 para 2.132 cm^3, obtida através do aumento do curso dos pistões. Isso resultou também em outra mudança no nome do carro, dando origem ao FNM 2150, vendido nas versões normal e luxo, passando ainda a contar com um valioso opcional, o sistema de servoassistência dos freios.

A traseira do FNM 2150 sofreu poucas mudanças: o escapamento migrou para a saia traseira, o para-choque vinha sem garra e o emblema de "2150" foi colocado na tampa do porta-malas.

teral da carroceria perdeu todos os frisos, bem ao estilo italiano. Na parte traseira poucas mudanças, assim como na parte interna, que se manteve a mesma do modelo anterior, apenas um escudo "FNM 2150" ao centro do painel denunciava o novo carro.

Em razão do aumento na cilindrada e ao consequente torque elevado, o carro ganhou uma sensível melhoria na retomada

Agora o carro tinha capô dianteiro sem ressalto e para-choque dianteiro bipartido (como no Timb), enquanto o luxo vinha também com vidro traseiro verde, bancos e forração interna idênticos ao da extinta versão esportiva. Ambos ganharam nova saída de escapamento, que migrou do para-choque para a saia traseira. Além disso, a taxa de compressão era maior (8,25:1), conseguida através da instalação de pistões cabeçudos. Com isso sua potência subia para 125 cv. Aliás, esse motor de maior cilindrada não era uma grande novidade dentro da fábrica, já que o mesmo era instalado anos antes nos carros de corrida da equipe oficial da Fábrica Nacional de Motores.

Como citado, visualmente a maior modificação ocorreu na dianteira com a nova grade, tendo nas suas extremidades os faróis de neblina, agora num formato ovalado. Já o "coração" que ficava na parte central, tradição da Alfa, foi também reestilizado. O novo conjunto dianteiro dava um aspecto mais moderno ao carro. A la-

Os emblemas no centro do painel e no para-lamas dianteiro indicam a nova versão.

O FNM 2150, de 1970, vinha com caixas de ar abaixo das portas pintadas na cor preta.

de velocidade, com respostas mais rápidas. Também nas subidas longas, na estrada, ele mantinha melhor a velocidade. Ocorria com mais frequência o fenômeno de detonação ("batida de pino"), o que poderia ser culpa do aumento da taxa de compressão. Para minimizar o problema era recomendado o uso de gasolina azul, de maior octanagem.

A velocidade máxima girava em torno dos 165 km/h, porém, já não era o carro de linha mais veloz do Brasil, título perdido nesse ano para o recém-lançado Chevrolet Opala, que, quando equipado com motor de seis cilindros, atingia a velocidade de 170 km/h. A Chevrolet ainda não sabia, mas o Opala se tornaria um dos maiores fenômenos de vendas da história automobilística do Brasil. Sua trajetória completa foi contada em outros livros da Editora Alaúde.

Aliás, em matéria de concorrência, havia outros bons carros na categoria do FNM ou mesmo próxima dela. Além do Opala, um ano antes, a Ford já havia lançado o enorme Galaxie 500, equipado com o cobiçado motor V-8 Power King. Já a Chrysler tinha reestilizado o Esplanada, que, em 1969, seria substituído pelo cobiçado e moderno Dodge Dart. Enquanto isso, havia os Aero-Willys/Itamaraty, que ainda continuavam firmes no mercado, porém agora sob a marca Ford.

Outras novidades para o FNM 2150 de 1970: acima, painel com instrumentos circulares. Ao lado, para-choque traseiro com lâmina única.

Clássicos do Brasil

Expedito Marazzi, no teste do modelo Standard azul Acqua Velva (publicado na revista *Quatro Rodas* de maio de 1970), teceu elogios ao "novo sistema de direção", que permitia manobrar sem cansaço, mesmo com o carro parado, ao contrário do que acontecia antes. Por outro lado, o carburador simplesmente caiu por causa do flange solto, a roda dianteira esquerda travava e houve uma pane elétrica, ocorrida devido ao fato do cabo positivo da bateria ter se soltado. Isso provava que o controle de qualidade da FNM, mesmo comandada pela Alfa Romeo, continuava sofrível.

Um considerável aumento na produção dos FNM foi registrado em 1970, ano em que a Alfa Romeo também realizou algumas modificações nos seus veículos: o painel recebeu novo desenho, ganhando instrumentos circulares e perdendo o espelho retrovisor interno do painel, que passou a ser fixado no teto, o que modernizou o interior do carro. A versão Standard vinha com bancos inteiriços e alavanca de câmbio na coluna de direção. Já a opção mais cara era equipada com bancos dianteiros individuais, razão pela qual a alavanca de câmbio pôde "migrar" para o assoalho, cujo túnel apresentava um luxuoso console central. O para-choque traseiro passou a contar apenas com uma lâmina e a carroceria ganhou pintura preta na área das caixas de ar. Como item opcional, finalmente surgiu o freio dianteiro a disco Varga feito sob licença da Girling.

A evolução dos modelos

Em 1971 foram introduzidos volante esportivo de três raios, console e grade dianteira com *cuore* redesenhado. A taxa de compressão voltou a ser de 7:1, podendo-se usar gasolina amarela (comum), e o freio a disco virou item básico. No mês de fevereiro, a *Quatro Rodas* voltou a publicar um teste do FNM 2150, também realizado por Expedito Marazzi, cujo texto foi intitulado "FNM 2150, uma imagem antiga que venceu o tempo". Na matéria o jornalista observou que o carro "já não é nem o mais veloz nem o mais perfeito dos carros brasileiros: surgiram outros modelos que se aperfeiçoaram e ele continuou quase o mesmo, nas linhas e na mecânica, apesar de estar sendo produzido pela Alfa Romeo há mais de dois anos. Ele, porém, ainda entusiasma muita gente". Marazzi notou também uma piora na velocidade máxima, que caiu para 155 km/h em razão da menor taxa de compressão. O carro testado pelo jornalista tinha ainda mais alguns defeitos, típicos do controle de qualidade ainda deficiente, como a maçaneta interna da porta traseira direita que se soltou e o retrovisor externo quebrado.

No mês de novembro, *Quatro Rodas* mostrou ao público, em uma reportagem de Emílio Camanzi, o Fúria GT, protótipo de carro esporte com a mecânica do FNM 2150 criado por Toni Bianco. A experiência do construtor com a mecânica FNM vinha desde o começo dos anos 1960, através dos monopostos Landi-Júnior, desenvol-

Para 1971, o FNM 2150 ganhou grade dianteira com o "coração" redesenhado.

Novo volante para 1971.

rém, usaram mecânica Chevrolet, BMW e até Lamborghini.

Assim, após criar o Fúria de corrida, Bianco criou, também sob encomenda de Massari, o Fúria GT de rua. Esse veículo, um protótipo, tinha carroceria fastback de chapas de aço feita à mão, mas a empresa Fúria Auto Esporte de Toni Bianco pretendia fazer os modelos "de série" em compósito de fibra de vidro. Seu entre-eixos era menor que o do FNM 2150, assemelhando-se ao do Alfa Romeo 2000 Spyder. No motor, a única alteração realizada foi a adoção de dois carburadores duplos horizontais Solex 42 (contra apenas um do FNM 2150), possibilitando à "usina de força" desenvolver 130 cv a 5.700 rpm, com uma taxa de compressão de 9,5:1 (contra 125 cv a 3.900 rpm, com taxa de compressão de 7,5:1). Ao contrário do Onça, o carro não passou do estágio de protótipo.

Em 1972, o volante do FNM 2150 foi alterado pela última vez, bem como a alavanca da seta e dos bancos dianteiros redesenhados. Por fora, a única mudança foram as novas cores disponíveis. Mas o acontecimento mais curioso da época foi

vidos por Bianco e Chico Landi com mecânica DKW-Vemag, Renault e Alfa Romeo. Depois, Bianco foi para o departamento de competições da Ford/Willys (lá criou o Bino) e, após o fim do mesmo, aceitou o convite de Vittorio Massari, diretor da Equipe Fúria, para produzir um carro de corridas com motor 2150. Esse carro, denominado Fúria, foi patrocinado pela Caminhonauto, uma revendedora FNM, e feito em pequena série. Alguns deles, po-

À esquerda: o Fúria-Lamborghini, desenvolvido para corridas.
À direita: o Fúria GT com mecânica do FNM 2150 não passou da fase de protótipo.

A evolução dos modelos

À esquerda: bancos redesenhados para 1972. À direita: o FNM 2150 de 1972 vinha com o novo emblema na traseira. Os símbolos representavam: câmbio de cinco marchas (à esquerda), freio a disco opcional (à direita) e motor com duplo comando de válvulas (embaixo).

a construção de uma picape baseada no 2150. Esse veículo foi feito pelo piloto e construtor Renato Peixoto, o qual já remodelava carros desde os anos 1950. A picape, utilizada no transporte de peças na fábrica, quase entrou em produção normal, fato que acabou não ocorrendo, assim como a construção do Alfasud, cuja produção chegou a ser seriamente cogitada na FNM. No caso das competições, alguns pilotos ainda continuavam a utilizar o FNM 2150, como José Pedro Chateaubriand e José Paulo Chies. Chateaubriand, inclusive, ainda obteve bons resultados com o carro em 1972, vencendo, por exemplo, a segunda rodada do Campeonato Brasileiro de Viaturas de Turismo (Categoria B/Divisão 3), realizada em 27 de agosto no autódromo de Tarumã, em Viamão, RS.

No final de 1972, ocasião da oitava edição do Salão do Automóvel, a FNM não enviou nenhum FNM 2150 para o evento. Em seu estande foram expostos apenas caminhões e um enorme painel com a imagem do Alfasud. O último 2150 foi vendido em 1973 e um novo modelo, o 2300, só surgiria no ano seguinte, tendo sua produção continuada pela Fiat, em Betim, MG, cinco anos mais tarde.

Único exemplar da picape FNM usada para transporte de peças.

O FNM saiu de cena, mas deixou muita saudade.

O ALFA TROPICAL

Projetado exclusivamente para o mercado brasileiro, o 2300 foi, mundialmente falando, o primeiro Alfa Romeo fabricado pela Fiat e o único movido a álcool hidratado.

Em 1972, o FNM 2150 era, mesmo para o mercado brasileiro, um carro ultrapassado. Tal fato forçou os engenheiros da Alfa Romeo a projetar um novo carro, o qual encontraria inspiração no Alfetta 2000 Berlina. A providência era realmente indispensável, pois em pouco tempo a subsidiária da empresa italiana teria um grupo formado por quatro concorrentes de peso: Chevrolet Opala, Dodge Dart e os futuros Ford Maverick e Volkswagen Passat.

Um protótipo do novo veículo, desenvolvido desde 1969, foi levado à matriz da fábrica em 1972, sendo experimentado na pista de testes, em Balocco, perto de Turim. Tudo era feito em segredo, até que a revista *Gente Motori* fotografou o carro, publicando sua imagem julgando ser o protótipo do próximo Alfa Romeo Giulia.

No Brasil, os testes para o Alfa Romeo 2300 começaram a ser realizados a partir de 1972, época em que eram usados protótipos camuflados.

Porém, outra revista italiana, *Quatroruote*, descobriu que essa dedução estava errada, identificando o automóvel como um modelo que não seria lançado na Europa, mas no Brasil.

Naturalmente esse era o argumento mais lógico, pois seria improvável que a Alfa Romeo testasse um novo modelo à luz do dia, sem ter o cuidado de camuflá-lo. Mas, tratando-se de um veículo destinado à América do Sul, essas cautelas não eram necessárias, e por isso o fotógrafo da *Gente Motori*, num golpe de sorte, conseguiu fazer a foto do primeiro carro projetado em conjunto pela Alfa Romeo italiana para sua subsidiária no Brasil.

Na imprensa brasileira, o carro já começou a aparecer em 1972, como substituto do FNM 2150, que ainda estava em produção. Já eram flagrados pelas ruas alguns modelos disfarçados. Isso fazia parte de uma intensa maratona de testes, nos quais seis carros foram enviados diretamente da Itália para a Fábrica Nacional de Motores. Dois seguiram para o sul, dois para o norte e dois ficaram na sede da fábrica, no estado do Rio de Janeiro. Isso foi feito para adaptar o automóvel a todas as condições nacionais. Alguns desses testes foram realizados em trechos de serra da Rio-Petrópolis e da Rio-Terezópolis e duravam o dia inteiro.

A evolução dos modelos

Em 1972, o Alfa Romeo 2300 foi levado para a pista de testes da empresa, na Itália: o futuro carro brasileiro andava pela cidade de Balocco sem disfarces.

Como os protótipos eram totalmente camuflados, não se sabia qual seria seu estilo final e nem o nome definitivo. Mas provavelmente seria igual ao modelo fotografado na Itália, tendo o mesmo bloco de motor do FNM 2150, mas modificado para a obtenção de cilindrada e potência superiores.

Um mês antes do Salão do Automóvel de 1972, a imprensa especializada já publicava desenhos do novo carro e, na mesma época, surgiram rumores de que, depois, a empresa lançaria aqui o Alfasud, que entraria no mercado em 1973, para entrar na briga com o Ford Corcel, o Chevrolet Chevette e o Dodge 1800. A ideia, entretanto, não foi adiante.

O evento foi aberto ao público em novembro e nada do 2300, pois os carros não ficaram prontos a tempo. O lançamento foi bastante postergado, pois a Alfa queria lançar o veículo só depois da certeza de que ele estivesse totalmente adaptado às condições brasileiras, com a intenção de apagar de vez os problemas de confiabilidade herdados da Fábrica Nacional de Motores. Os testes continuavam, mas só em meados de agosto de 1973 alguns 2300 sem disfarces já eram flagrados em testes realizados nas proximidades da fábrica, em Petrópolis. Já se podia imaginar que a espera havia valido a pena, já que o 2300 tinha todos os quesitos para agitar o mercado brasileiro, sedento por novidades.

No Salão do Automóvel, em novembro de 1972, a Alfa Romeo não expôs nenhum carro, apenas uma foto do Alfasud, provável lançamento para concorrer no mercado dos pequenos.

O MAIOR DO MUNDO

Assim, em 25 de março de 1974, após um acordo de cooperação com a Fiat para fabricar veículos industriais no Brasil, a Fábrica Nacional de Motores lançou o Alfa Romeo 2300. O carro trazia a identificação da fábrica italiana tanto nas linhas, formais e simples, quanto na arquitetura mecânica. Tal como o FNM 2150, o 2300 trazia motor de quatro cilindros em linha (com duplo comando), válvulas de escapamento arrefecidas a sódio, câmaras de combustão hemisféricas, caixa de câmbio de cinco marchas e tração traseira.

A suspensão dianteira era independente, com braços triangulares, molas helicoidais e amortecedores de dupla ação; a traseira era por eixo rígido semi-flutuante, ancorado no monobloco por

Novo Alfa Romeo 2300, que logo se tornou um carro cobiçado no mercado.

A evolução dos modelos

duas barras diagonais e duas longitudinais, molas helicoidais e amortecedores telescópicos de dupla ação.

Além da nova carroceria e da maior cilindrada, o principal atrativo do 2300 eram os inéditos (no Brasil) freios a disco nas quatro rodas, servoassistidos, com duplo circuito hidráulico e dotados de um modulador de ação para as rodas traseiras. O veículo oferecia um excelente nível de conforto para quatro pessoas (sobretudo para o motorista), o que se traduziu no tamanho do automóvel, pois, com 4,7 m, era o maior Alfa Romeo do mundo. Seu porta-malas, com 600 litros de volume, era superior ao de qualquer carro brasileiro da época, incluindo o Ford Galaxie 500, mas o desenho da traseira do veículo, considerado pelos jornalistas como "impessoal", foi um dos pontos mais criticados pela imprensa da época.

Como dizia o *slogan* publicitário usado pela Fábrica Nacional de Motores na época, o 2300 era um "Alfa Romeo de Corpo e Alma", algo que podia ser notado no *cuore* dianteiro, onde se destacava, como em todos os veículos da marca, o escudo da família Visconti. Explica-se: nos FNM JK 2000/FNM Timb/FNM 2000/ FNM 2150, o brasão era semelhante, mas, em vez da cruz, trazia a sigla estilizada da empresa brasileira (ver na página 51).

O motor de 2.300 cm³, com 140 cv a 5.700 rpm, atingia, pela norma CUNA, um

O Alfa Romeo 2300 vinha com o verdadeiro emblema da empresa italiana; por isso a propaganda dizia: "Um Alfa Romeo de corpo e alma".

torque máximo de 21 kgfm a 3.500 rpm. Assim, o carro ia da imobilidade a 100 km/h em 13 s, enquanto a velocidade máxima oscilava em torno dos 165 km/h, ocasião em que o conta-giros indicava 5.500 rpm em quinta marcha. Dizia a propaganda que a 135 km/h o motor só estaria utilizando 50% da potência total.

Não era, naturalmente, um desempenho excepcional para um Alfa Romeo, principalmente porque este funcionava melhor com gasolina azul, de maior octanagem, o que forçou a utilização de um tanque para 100 litros, tendo em vista que nem todos os postos trabalhavam com esse tipo de gasolina. Por outro lado, levando-se em consideração que o 2300 pesava 1.410 kg, tal resultado era considerado aceitável. Com esse tamanho de tanque, a autonomia do carro chegava a 900 km em estrada.

O novo Alfa Romeo, em outubro de 1974, custava 54.612 cruzeiros, contra 35.060 cruzeiros do Volkswagen Passat LS, 43.195 cruzeiros do Ford Maverick Super Luxo, 53.765 cruzeiros do Chevrolet Opala Gran Luxo 4.100, 57.478 cruzeiros do Dodge (Dart) Gran Sedan e 73.935 cruzeiros do Ford Galaxie 500. Como comparação, o carro mais barato do mercado brasileiro, o Volkswagen Sedan 1300, era oferecido ao público por 22.577 cruzeiros. Ainda em 1974 venderam-se 4.000 unidades do 2300, o que determinou para a empresa um crescimento de 196% em comparação ao ano anterior.

FITTIPALDI AO VOLANTE

Independente do sucesso comercial, o projeto tinha suas falhas, sendo exemplo disso os anéis de segmento dos primeiros motores 2300, que foram montados de modo errado, possibilitando fuga de compressão e queima de óleo. Por tal motivo muitos foram os mecânicos especializados em Alfa Romeo que, da noite para o dia, enriqueceram montando e desmontando os novos motores.

O sistema de circulação de óleo também apresentou problemas, tal como as máquinas dos vidros, o cabo do freio de estacionamento e a tampa do porta-malas que, se forçada quando o compartimento estava cheio, amassava os braços que a mantinha levantada. Tudo isso foi solucionado à medida que novos carros eram vendidos, mas certamente a Fábrica Nacional de Motores perdeu alguns clientes durante esse intervalo de tempo.

Quando o 2300 completou um ano no mercado, a revista *Quatro Rodas* convidou Emerson Fittipaldi para testar vários carros nacionais no autódromo de Interlagos. Além do Alfa Romeo, foram experimentados os modelos Dodge Charger R/T, Dodge 1800, Chevrolet Caravan, Chevrolet Chevette, Ford Maverick, Ford Corcel Belina, Volkswagen Passat, Volkswagen Brasilia e Puma GTB.

Fittipaldi fez as seguintes considerações:

Em matéria de segurança, o Alfa Romeo 2300 é o melhor carro nacional. Tem freios a disco servoassistidos nas quatro rodas, cintos de segurança de três pontos para os bancos dianteiros, pneus radiais e travas para evi-

A evolução dos modelos   69

tar que as portas traseiras sejam abertas por dentro, o que é muito bom, principalmente quando há crianças no banco traseiro.

A aparência do carro é boa, principalmente a frente, que lembra muito a do Alfetta italiano, mas a traseira é muito alta. É um carro bem parecido ao estilo europeu. Talvez tenha sido a única solução encontrada pela fábrica para equipá-lo com um grande porta-malas e o tanque de gasolina de 100 litros. Como seu motor exige gasolina azul, é importante que o tanque seja tão grande, para que o carro tenha autonomia suficiente para viagens por estradas onde não se encontra com facilidade esse tipo de gasolina. Ele é muito confortável e tem bancos individuais na frente separado por

O painel era completo, com luxuoso material que imitava madeira; os bancos da frente eram reclináveis e tinham encosto para a cabeça; o banco traseiro vinha com descansa-braço, como nos antigos FNM.

A traseira não era uma unanimidade: muitos a achavam alta demais, com lanternas muito pequenas.

Acima: a trava de segurança evitava que as crianças abrissem a porta traseira com o carro em movimento. À direita: propaganda aprega a grande capacidade de carga do Alfa.

Raio X: o Alfa era o carro mais seguro do Brasil na época.

um bonito console onde ficam a alavanca de câmbio (de cinco marchas) e os botões de comando, bem à mão do motorista. Seu painel tem conta-giros, instrumentos indicadores de pressão do óleo, de temperatura do motor e nível de gasolina, com uma luz vermelha de aviso que indica quando o tanque de gasolina está na reserva.

O Alfa nacional tem desempenho apenas regular, porque a concepção do motor é antiga, apesar do duplo comando no cabeçote. Ele foi preparado levemente para ser um pouco melhor que o motor 2150, que equipa os antigos Alfas. Além disso, o carro é pesado, prejudicando também o rendimento do motor. A estabilidade em curvas é ótima, favorecida pelo uso de pneus radiais, embora o carro manifeste leve tendência para sair de traseira, o que não chega a impressionar nem os motoristas menos experientes. A suspensão é um pouco dura e prejudica seu desempenho nas ruas de piso irregular, mas para estradas funciona bem. Embora seja bom, o volante do tipo esportivo, de madeira envernizada, é um pouco duro, e a direção, longa demais, exigindo algum esforço em manobras, principalmente com o carro andando lentamente. O câmbio de cinco marchas para frente é ótimo, fácil de engatar e com relações muito boas, o que permite a perfeita utilização da rotação do motor. Como as marchas são bem escalonadas, não há necessidade de mudanças seguidas no trânsito.

A evolução dos modelos

O nível de ruído interno é muito ruim, agravado pelo forte barulho do motor, que incomoda sensivelmente os passageiros. Mas dirigir o Alfa Romeo 2300 em Interlagos foi muito agradável, mesmo porque não procurávamos um desempenho esportivo. Faz curvas com suavidade, e a posição do motorista é muito boa, porque o banco permite várias regulagens. Os pedais de embreagem e freio, no entanto, são muito duros. Pelo alto preço do carro, que o coloca na faixa dos modelos nacionais de luxo, o acabamento interno poderia ser melhorado, principalmente o painel, que tem uma aplicação de plástico (imitando madeira, assim como ocorria no aro do volante) de qualidade discutível. E as saídas de ar nas laterais do painel não combinam com o bom gosto dos instrumentos do painel e dos bancos, estes sim, de boa qualidade.

A partir de 1975, os instrumentos do painel perderam o contorno cromado.

PRIMEIRA REESTILIZAÇÃO

Apesar de solucionar todos os defeitos, a Fábrica Nacional de Motores só realizaria as primeiras modificações de grande importância nos modelos 1977, quando surgiram as novas versões 2300 B (de "Brasil") e 2300 TI (de "Turismo Internacional"), que foram apresentadas ao público no Salão do Automóvel de São Paulo, no final de 1976. Esses novos modelos tinham como principal objetivo o mercado de exportação e, por isso, ganharam vários itens de segurança e acabamento para atender aos gostos mais exigentes, como o do europeu.

Externamente, as diferenças entre o 2300 e o 2300 B não eram muito grandes. Na dianteira, as grades perderam seus frisos de alumínio, enquanto o *cuore* ficou maior e, lateralmente, o carro ganhou maçanetas externas embutidas. Uma curiosidade: na época muitos *playboys* equipavam seus carros com as tais maçanetas, consideradas por eles como sendo "esportivas".

A traseira ficou com lanternas maiores, ornando melhor com o porta-malas de grandes proporções. O que mais modificou, porém, o aspecto externo foi a menor altura em relação ao solo, tanto na frente quanto atrás. Isso permitiu, mesmo sem modificações na chapa, a diminuição visual da altura do porta-malas.

No interior, as alterações foram bem maiores. O assento do banco traseiro foi modificado, de modo a oferecer mais conforto ao eventual quinto passageiro. O painel recebeu uma proteção antichoque nas partes superior e inferior, mas perdeu a saída de ar central. Saliente, o quadro de instrumentos passou a contar com uma única placa de acrílico. Velocímetro, conta-giros e outros instrumentos do painel ficaram com o formato quadrado e com iluminação difusa verde, além de apresentar outro desenho, de fundo azul, e ganhar novos números pintados em branco.

Novo Alfa Romeo 2300 B: a diferença estava na grade, sem os frisos de alumínio que antes a contornavam, e nas maçanetas embutidas, um item bem-aceito na época.

O Alfa Romeo 2300 passou a ser o modelo mais barato da linha, e não sofreu mudanças durante alguns anos. Na foto, o modelo 1977.

O 2300 B ganhou novas lanternas maiores, dando mais harmonia à traseira do carro.

O volante também foi modificado e, em vez de apresentar a tradicional construção com aro imitando madeira e três raios de alumínio, passou a ser de plástico injetado preto, com desenho de cálice. De menor diâmetro, toda a sua superfície era acolchoada, oferecendo maior segurança, e combinava com a nova coluna de direção, não penetrante e regulável em altura (inédito no Brasil). Por fim, a alavanca do freio de estacionamento passou da parte inferior do painel para entre os bancos dianteiros, no console.

As alterações continuaram na parte mecânica: o motor, além de ficar um pouco mais econômico, passou a utilizar gasolina comum, e isso sem refletir em prejuízos no desempenho. Para isso, a curva do avanço centrífugo do distribuidor foi modificada, funcionando também com avanço a vácuo. O carburador de corpo duplo ganhou uma válvula eletromagnética que interrompia o circuito de alimentação ao ser desligado o motor, evitando assim o fenômeno de autoignição.

Houve ainda a mudança nos comandos de válvulas, os dutos de escape do cabeçote foram redesenhados, e o sistema de escapamento, revisto. Como resultado, o motor passou a desenvolver 141 cv com a mesma taxa de compressão de 7,5:1. A embreagem passou a ser do tipo com mola de diafragma, mais macia e progressiva, enquanto os calços

O modelo B ganhou novo volante e novo painel de instrumentos, com mostradores quadrados.

do motor e da caixa de câmbio, apoiados em três pontos, diminuíram o nível de ruído interno.

Na suspensão foram usadas molas menores e mais duras, o que forçou uma recalibragem dos amortecedores. Como consequência, tornou-se necessário eliminar a barra estabilizadora dianteira, mas juntas de metal e coxins de borracha (silent blocs) foram incluídos na suspensão, eliminando em grande parte os ruídos e vibrações transmitidos pelos pneus radiais. O eixo rígido traseiro ganhou novas ancoragens transversais, conseguidas por meio de duas barras diagonais, que limitavam os movimentos parasitas da carroceria. Os braços de direção também foram alterados para diminuir, sem modificar a relação da caixa, o esforço sobre o volante. Os pedais de freio, a embreagem e o acelerador passaram a ser suspensos, permitindo o rebaixamento do assoalho, conseguindo-se assim mais espaço para os pés do motorista.

Além de todas essas vantagens, o Alfa Romeo 2300 TI apresentava acabamento mais requintado, comparável aos mais sofisticados carros europeus. O novo acabamento, tanto dos bancos quanto das laterais de porta, deixou de ser de vinil preto ou bege e passou a ser de veludo nas mesmas cores, mais a opção em azul. Contava ainda com dois carburadores de corpo duplo e fluxo horizontal, contra um duplo de fluxo descendente do 2300 B, que elevaram a potência para 149 cv, possibilitando ao carro atingir 170 km/h.

Por fora, o TI vinha com alguns frisos a mais que o B, além dos para-choques que vinham com garras. Internamente mais diferenças: o 2300 TI vinha com o quadro de instrumentos mais completo, que englobava o manômetro de óleo, o amperímetro e ainda um relógio de quartzo no centro do quadro. O resto do painel, que no 2300 B vinha na cor cinza com aspecto granulado, no TI passou a vir revestido de mogno, dando-lhe um aspecto mais luxuoso.

O ar-condicionado era de série, contando inclusive com saídas para os bancos de trás, um luxo até então inimaginável para os padrões brasileiros. Era também um item de série o rádio AM/FM com toca-fitas e antena elétrica, considerado um dos acessórios mais cobiçados na época.

O Alfa Romeo 2300 TI, modelo mais sofisticado e caro da linha, vinha com para-choques com garra e pisca embutido, além de "borrachão" nas laterais.

A evolução dos modelos

O 2300 TI também vinha de fábrica com o comando do limpador de para-brisa, que incorporava o temporizador e lavador elétrico, um item opcional no 2300 B. Outro acessório exclusivo do TI era a luz de leitura colocada no teto, logo acima do vidro traseiro, destinada aos ocupantes do banco de trás. Ou seja, o carro era um modelo de muito luxo, ao qual o brasileiro ainda não estava acostumado, passando a ser um sonho de consumo de muito consumidores.

Bancos de veludo, ar-condicionado, rádio AM/FM com toca-fitas e painel revestido de mogno faziam do TI um carro bastante luxuoso. O modelo vinha com para-choque mais comprido na lateral, chegando mais perto da caixa de rodas.

SCHECKTER E EXPORTAÇÃO

No início de 1978, aproveitando a realização do GP do Brasil de Fórmula 1, a revista *Quatro Rodas* resolveu convidar o piloto de F-1 que viria a ser campeão mundial do ano seguinte, Jody Scheckter, para testar sete carros brasileiros no autódromo de Interlagos, em São Paulo. O sul-africano experimentou o Chevrolet Chevette, o Dodge Polara, o Volkswagen Brasília, o Volkswagen Variant II, o Fiat 147 e, obviamente, o Alfa Romeo 2300 TI.

Estas foram as palavras de Scheckter:

Um estilo agradável e, embora o carro seja grande para o meu gosto, tem bom desempenho e é firme nas curvas. O câmbio é um pouco barulhento em quinta marcha, e a direção um tanto pesada para o tráfego

Outras características do Alfa 2300 TI incluíam saída de ar-condicionado para o banco traseiro, ornamento exclusivo na coluna traseira e volante com regulagem de altura.

urbano, embora seja boa na estrada, quando as condições de velocidade diminuem o fator peso da direção. A estabilidade e a suspensão agradam, bem como o estilo. O acabamento e o conforto também são bons, e, embora o nível de ruído seja um pouco alto, é possível ouvir o ruído do vento.

Em termos gerais, um carro gostoso de dirigir: obediente nas curvas e com uma boa sensação de segurança, principalmente em relação aos freios, que, embora não parem o carro com rapidez, são precisos e têm bom equilíbrio. Um detalhe, entretanto, obscurece todas essas qualidades: o preço é muito alto. De qualquer forma, os motivos que atraem num carro ou em outro têm muito a ver com a sensação que provoca em seu dono, e, nesse caso, o Alfa é o carro brasileiro mais emocionante de se dirigir.

Ratificando os elogios de Scheckter, o 2300 Executive foi apresentado no mesmo ano, durante a quinta edição do Salão do Automóvel de São Paulo, uma rara versão com acabamento ainda mais luxuoso, mas que não passou da fase de protótipo. No ano seguinte, a Fiat, que entrara no país para fabricar o 147, comprou a Fábrica Nacional de Motores e transferiu a linha de montagem de Duque de Caxias para Betim, no estado de Minas Gerais. A transação foi considerada uma espécie de heresia "à italiana", pois em seu país de origem a Fiat e a Alfa Romeo ainda eram empresas rivais. Foi algo como a General Motors fabricar um Ford fora dos Estados Unidos...

Como a Fiat montou sua filial no Brasil para produzir o 147 para exportação, era natural que fizesse o mesmo com o 2300, cujo preço seria muito menor que o dos Alfa Romeos italianos. Assim, com a denominação Alfa Rio (que era a Alfa TI), surgiu um plano de vendas para o modelo, direcionado à Inglaterra, à Alemanha e aos

A evolução dos modelos

O Alfa Romeo Executive foi apresentado no Salão do Automóvel no final de 1978: superluxuoso, mas apenas uma unidade foi produzida.

Países Baixos, sendo que foram impressos manuais de proprietário nas línguas dos três países. A Fiat do Brasil enviou um lote de 1.077 unidades para a Alemanha, mas os consumidores acharam a suspensão dura e a direção muito pesada.

Havia algumas diferenças do Alfa de exportação em relação ao brasileiro. Por fora apenas a lanterna traseira mudou, onde parte da lanterna em que se alojam a lâmpada dos repetidores de luzes de direção vinha na cor âmbar, uma exigência da legislação europeia. O motor tinha maior taxa de compressão agora com 9:1, já que a gasolina de lá tinha maior octanagem que a brasileira; e com isso a potência do motor era de 163 cv, com velocidade máxima de 175 km/h. Internamente poucas mudanças foram feitas, pois o carro já havia sido projetado para exportação e possuía vários itens de segurança e conforto que o tornaram o melhor carro da indústria brasileira. Vinha com alguns acessórios que nenhum concorrente brasileiro tinha, como cinto de segurança de três pontos retrátil, comum nos carros de hoje, mas inédito naqueles tempos. Além disso, era o único nacional que dispunha desse mesmo sistema de cinto para os ocupantes do banco de trás.

Clássicos do Brasil

O Alfa Rio, feito exclusivamente para exportação, não fez sucesso; hoje, são verdadeiras raridades, muito disputadas por colecionadores europeus. A lanterna traseira do Alfa Rio tinha cor diferente da do modelo brasileiro.

Os veículos brasileiros não foram vendidos na rede de concessionárias da Alfa Romeo, mas sim por um importador privado, tendo em vista que, na Europa, a Alfa Romeo ainda não pertencia à Fiat, o que só aconteceria em 1987. Assim, a assistência técnica era deficiente e as peças de reposição raras, além de os carros não terem garantia total na Europa. Para completar, o motor do 2300, feito para um país tropical, não aceitou bem o rigoroso inverno alemão e, passada essa estação climática, a chapa da carroceria começou a sofrer um precoce processo de corrosão. Além disso, a pintura oxidava e, internamente, o veludo dos bancos desbotava do azul vistoso para um tom de cinza pálido. Os próprios importadores dos Alfa Romeos italianos devem ter sido prejudicados com esta rápida degeneração do produto brasileiro, inadequado às condições do mercado que tentou conquistar. Porém, quem realmente teve um grande prejuízo foi a empresa que importou os 2300, que foram vendidos como carros usados através de anúncios de jornal. Eram, enfim, carros zero-quilômetro sendo vendidos com enormes descontos, pois ninguém se interessava por eles. Atualmente os Alfa Rio, só existentes na Europa, são, por motivos óbvios, verdadeiras raridades.

Em 1979, o Alfa Romeo vinha com o emblema "Produção Fiat Automóveis" na lateral. Os carros eram praticamente os mesmos, mas a Fiat anunciava um melhor tratamento das chapas e um processo de pintura totalmente novo. A partir desse momento a carroceria ganhava processo de fosfatização, um procedimento químico que protegia da corrosão e ainda facilitava a adesão da tinta. Em seguida vinha a primeira camada de tinta, que era aplicada

A evolução dos modelos

pelo sistema de pintura eletroforese, onde a carroceria era submersa num tanque de tinta, que era atraída eletrostaticamente pela superfície do veículo por meio de formação de campos magnéticos. A última etapa de preparo era a aplicação de primer para em seguida receber a pintura final. O carro também ganhava uma aplicação de borracha à base de PVC na parte inferior, que além de proteger o carro contra a ferrugem diminuía também o nível de ruído para os ocupantes.

O leitor mais jovem deve achar estranho falar em ferrugem para um carro novo, já que atualmente isso praticamente não existe, exceto em locais em que a carroceria sofreu algum dano na pintura que expôs a chapa. Antigamente, no entanto, isso era um verdadeiro terror para o consumidor, quase um item de série em vários carros nacionais. Era fato relativamente comum o proprietário de um carro com menos de um ano de uso perceber bolhas na pintura, típico sinal da ferrugem corroendo a chapa.

Em 1979, os Alfas passaram a ser fabricados pela Fiat, identificado por um emblema no para-lama dianteiro (detalhe abaixo), e uma plaqueta no cofre do motor (ao lado). Nas fotos, o modelo 2300 B.

Nesse mesmo ano houve certa crítica em relação ao fato da Fiat não ter realizado algumas importantes mudanças no carro. O Alfa continuava sendo um ótimo carro, com nível de segurança e conforto acima da média, mas faltavam alguns acessórios que já existiam em outros carros nacionais, como vidros elétricos e vidro traseiro térmico, que seria item obrigatório num carro de sua classe.

UMA NOVA DÉCADA

Em 1980, a Fiat passou a denominar o modelo B como SL e o TI como Ti4, em alusão aos seus carburadores. A maior novidade desses veículos foi, no entanto, a introdução da assistência de direção hidráulica ZF, de esforço variável, com apenas 3,6 voltas de batente a batente. É curioso notar que, desde o seu lançamento, em 1974, esse item vinha sendo descuidado em um carro tão caro como o 2300, enquanto as concessionárias Alfa Romeo, quando interrogadas a respeito do fato, "explicavam" que a fábrica jamais colocaria direção hidráulica no carro por se tratar de um equipamento "que comprometia a segurança".

O sistema adotado no Ti4 permitia que os esforços do motorista ao volante fossem reduzidos a uma força constante de 4,2 kg, o que se traduzia em mais conforto para conduzir em trânsito urbano a baixas velocidades, além de menos desgaste físico

Para 1980, a linha Alfa ganhou para-choques pintados de preto.
À esquerda: o Ti4.
À direita: o SL, antigo 2300 B.

Interior do Alfa 2300 SL, com bancos redesenhados.

em estacionamentos. Considerando que o veículo pesava 1.410 kg, tinha suspensão dura e pneus radiais, a direção assistida hidráulica, nestas circunstâncias, era um equipamento muito interessante.

Outras alterações dignas de elogios no modelo 1980 foram os cabeçotes retrabalhados nos dutos de admissão (melhorando o fluxo da mistura) e escapamento, além da nova taxa de compressão (de 7,5:1 foi para 7,6:1), que deixaram o motor mais elástico e proporcionaram aumento no torque. O sistema de escapamento passou a ser dividido em três partes, facilitando a manutenção. A bateria do Ti4, antes de 55 Ah, foi substituída por outra de maior capacidade, de 65 Ah, enquanto o alternador de 45 A deu lugar a outro, de 55 A. No SL ele continuava a ser de 35 A, mas o carro recebia um de 55 A quando equipado com ar-condicionado.

Esteticamente o Alfa Romeo 1980 destacava-se pelos para-choques envolventes, pintados em preto fosco e com um friso de alumínio anodizado em toda sua extensão. Os novos frisos laterais de borracha protegiam as laterais, enquanto o espelho retrovisor externo, maior e de plástico preto, aumentava a área de visibilidade. Os pneus radiais 195 série 70 e os emblemas redesenhados também diferenciavam esses modelos. O Ti4 saía de fábrica com um novo *quadrifoglio* na coluna traseira.

Esta linha diferenciava-se ainda pelo requintado acabamento interno. Para isso, o interior foi desenvolvido obedecendo a um padrão marrom básico, en-

Em 1980, a linha Alfa ganhou novo espelho retrovisor externo preto.

Clássicos do Brasil

Interior refinado do Ti4 1980.

no. Redesenhado, o quadro de instrumentos teve o amperímetro substituído por um voltímetro e, por fim, houve a adição de cortinas para-sol que, instaladas no vidro traseiro, diminuíam em 80% a incidência de raios solares sem prejudicar a visibilidade.

O modelo topo de linha Ti4 vinha com todos os equipamentos disponíveis, que eram opcionais no SL, seguindo esta ordem: direção hidráulica e cintos de segurança retráteis (conjunto 1); vidros climatizados, vidro traseiro térmico, direção hidráulica e cinto de segurança retrátil (conjunto 2); pneus 195/70, faróis bi-iodo, cortinas para-sol, vidros climatizados, direção hidráulica e cinto de segurança retrátil (conjunto 3); aquecedor, ar-condicionado, pneus 195/70, faróis bi-iodo, cortina para-sol, vidros climatizados, vidro traseiro térmico, direção hidráulica e cinto de segurança retrátil (conjunto 4).

Nessa época, 146 das 260 concessionárias Fiat também vendiam carros da Alfa Romeo. Em 1981, o número subiu para 180 pontos. Esse aumento fazia parte do plano para comercializar uma média de quinhentos carros por mês, sendo prevista, para 1980, uma produção de 3.300 veículos, número este que, no ano seguinte, era estimado em 5.500 unidades. As vendas, entretanto, ficaram muito abaixo disso.

quanto os bancos e as laterais de porta eram oferecidos em três opções de cor: verde, marrom e bege no Ti4; bege, castanho e marrom no SL. Além disso, as forrações de porta (de vinil, veludo e carpete) e os bancos, com apoios de cabeça reguláveis, foram redesenhados. Completando o interior requintado, o carpete do assoalho passou a ser pré-moldado.

O carro também ganhou cintos de segurança dianteiros de três pontos retráteis. Surgiu um novo console em plástico ABS, e o sistema de som foi atualizado, com toca-fitas e rádio AM/OM/FM no Ti4, e rádio AM/OM/FM no SL. A antena passou a ser eletrônica, constituída por um fio na parte superior do para-brisa, com amplificador de sinais fixado junto à base do espelho retrovisor inter-

A evolução dos modelos

MOTOR A ÁLCOOL

No fim da década de 1970 o governo brasileiro instituiu o Proálcool (ou Programa Nacional do Álcool), que, devido aos problemas gerados pela crise do petróleo, visava substituir a gasolina pelo combustível vegetal, o qual era feito aqui mesmo, era renovável e muito vantajoso, tendo em vista a grande extensão territorial do Brasil, a qual possibilitaria obter grandes safras de cana-de-açúcar.

Por tal motivo a Fiat lançou, em julho de 1981, o primeiro (e único, até onde se sabe) Alfa Romeo movido a álcool do mundo. O motor, embora apresentado como TI, foi desenvolvido a partir da unidade de 2.300 cm³ que equipava o SL, com carburador vertical de corpo duplo no lugar dos dois Solex conjugados da versão Ti4. Porém, para aproveitar o maior poder antidetonante do álcool, a sua taxa de compressão foi elevada para 10,6:1, representando um acréscimo de 39,5% sobre os 7,6:1 dos motores a gasolina.

Esse aumento na taxa foi obtido com a utilização de novos pistões cabeçudos; e para fazer frente a essa compressão maior, bem como à ação corrosiva do álcool, os técnicos brasileiros desenvolveram uma nova junta de cabeçote. O carburador recebeu nova calibragem, uma vez que devia formar uma mistura mais rica (a relação estequiométrica do álcool era de nove partes de ar para uma de combustível, enquanto a da gasolina era de 14,7 para um).

No coletor de admissão foi incorporado um sistema de aquecimento utilizando a circulação de água de arrefecimento do motor com a finalidade de evitar que o álcool, ao passar do estado líquido para o gasoso, resfriasse o coletor e provocasse a condensação da mistura. No coletor de escape havia um defletor de metal cuja finalidade era direcionar ar de admissão aquecido para o carburador através de uma longa mangueira, que tinha a função de facilitar a vaporização do álcool.

Outras mudanças efetuadas foram a alteração do avanço inicial de ignição (de 12 para 21 graus antes do ponto-morto

Traseira do Ti4 a álcool.

Painel do Ti4 a álcool.

Este botão, localizado no painel, controlava a injeção de gasolina no carburador do modelo a álcool, em caso de partida a frio.

superior) e a redução do avanço centrífugo máximo (de 43 graus a 5.300 rpm para 41 graus a 4.500 rpm); adotaram-se também velas mais frias e o alternador passou de 45 para 55 A. Obviamente tanto o reservatório de combustível como os dutos, bomba de combustível e carburador receberam tratamento químico especial, à base de estanho ou bicromatização (zincagem amarela ou verde-oliva, passiva de bicromato de sódio), para evitar a corrosão provocada pelo álcool hidratado (principalmente nas ligas de zinco).

O Alfa Romeo "alcoólatra" tinha sistema de partida a frio comandado por uma tecla de três posições situada na parte inferior esquerda do painel. Quando na posição superior, o sistema entrava em funcionamento automaticamente, injetando gasolina diretamente no carburador se a temperatura estivesse abaixo dos 20 °C. Se estivesse acima disso, a partida só se processaria com o álcool, algo fácil de se constatar, pois não se ouvia o som da pequena bomba elétrica, que injetava o combustível de origem fóssil.

Na posição intermediária, a tecla desligava o sistema automaticamente, evitando possíveis injeções de gasolina quando houvesse necessidade de acionar mais vezes a partida, tendo como consequência o "afogamento" do motor. A posição inferior (que não era fixa) permitia injetar gasolina manualmente e só devia ser usada em temperaturas inferiores a 5 °C. A Fiat sugeria os seguintes prazos de pressão: 3 s quando a 5 °C, 5 s a 0 °C, 7 s a -5 °C e 10 s abaixo de 10 °C. Ao ser libertada a tecla voltava automaticamente à posição intermediária (desligado). Imaginem como seria vender um carro como esse na Itália caso houvesse álcool lá...

O reservatório da gasolina para o sistema de partida a frio ficava no canto posterior direito do motor e comportava 2,5 litros. No mostrador do velocímetro havia uma luz-espia para indicar que o nível do reservatório, se fosse o caso, estava baixo. A potência do TI a álcool era de 145 cv a 5.200 rpm (alcançava 173,9 km/h), 2,8% superior aos 141 cv do SL a gasolina (169 km/h) e 2,7% inferior à desenvolvida pelo Ti4 (173,4 km/h). O consumo da versão "alcoólatra" era, no trânsito urbano, de 4,4 km/l, contra 5,8 km/l do Ti4 a gasolina. Porém, o combustível vegetal era muito mais barato, 65% do preço do litro da gasolina, o que acabava sendo vantajoso.

A evolução dos modelos

SENNA APROVOU

"Quem escolhe Alfa Romeo escolhe os destinos das empresas e do país", dizia o *slogan* publicitário da Fiat no começo dos anos 1980. O perfil típico desse consumidor era bastante previsível: homem, casado, faixa etária de 40 a 50 anos (sobretudo 40) e, obviamente, de ascendência italiana. Eram profissionais liberais, executivos de grandes empresas privadas e estatais, fazendeiros e empresários de variados níveis.

Segundo afirmava a Fiat, 15% desse contingente tinha pós-graduação e 60% nível superior. Não é de se admirar, portanto, que os Alfa Romeo da série 2300 eram considerados "os Mercedes-Benz brasileiros". Os carros da marca tinham a produção comprometida em 45% com pessoas jurídicas (altos dirigentes e técnicos de empresas particulares e estatais) e os 55% restantes com pessoas físicas.

Desse total, 20% empregavam motoristas, provando que o carro constituía um dos maiores símbolos de poder no Brasil, concentrando-se o seu principal mercado na cidade de São Paulo, local de maciça colonização italiana, onde se verificavam os mais elevados níveis de rendimento salarial. O segundo maior mercado era o do Rio de Janeiro, seguido de perto pelo Rio Grande do Sul, outro reduto da colonização italiana.

Em 1981, a Chrysler/Volkswagen Caminhões fabricou os últimos Dodge Dart, Magnum, Charger R/T e LeBaron, e, dois anos depois, a Ford fez o mesmo com o Landau (luxuosa derivação do Galaxie 500), restando como únicos concorrentes do 2300 o Chevrolet Opala Diplomata e o Ford Del Rey, modelo mais requintado do Ford Corcel que, por sua vez, fizera parte do mesmo projeto que concebeu o Renault R-12. Ambos contavam com câmbio automático opcional, algo que nunca foi oferecido pelos Alfa Romeo brasileiros e, com toda certeza, lhes tirou muitos clientes.

Ainda em 1983, quando reconquistou o título de "o mais caro automóvel brasileiro", o carro ganhou importantes modificações, tornando-o ainda mais luxuoso e

Em 1983, a linha Alfa passou a contar com rodas de liga leve, de aspecto mais esportivo.

Para 1983, a tampa traseira ganhou uma faixa de alumínio anodizado, o painel foi reestilizado e os bancos, redesenhados.

honrando o título. Atendendo a pedidos, finalmente o Alfa Ti4 saía de fábrica com os comemorados vidros de acionamento elétrico, além de trava elétrica das portas, bloqueio elétrico da tampa de combustível e abertura elétrica do porta-malas, comandada por um botão no painel.

Por dentro as maiores modificações ocorreram no painel que foi remodelado, ganhando nova grafia e cores. Além disso, foram também acrescentadas duas luzes-espia: uma indicava quando a troca de pastilha precisava ser efetuada e outra alertava para o nível de óleo abaixo do recomendado. Ainda no painel, abaixo dos instrumentos, foram instaladas duas teclas, uma comandava a abertura do porta-malas e a outra a abertura da portinhola que dava acesso ao bocal de abastecimento de combustível. Os botões que controlavam os vidros elétricos foram instalados no console central. Havia ainda outras novidades: controle elétrico dos retrovisores, comandados por botões na porta do motorista, e novo console no teto, onde foi instalado um relógio digital, itens só encontrados em veículos importados, precedido apenas pela Del Rey no caso do relógio.

Por fora, poucas modificações: a maior foi a adoção de novas rodas de liga leve, que dava um aspecto mais esportivo ao carro. A traseira ganhou uma faixa aluminizada na inclinação do porta-malas, dentro os escritos em preto "Alfa Romeo" na esquerda e "Alfa Ti4" na direita, além disso, houve um rebaixo da lataria no local da chapa.

Outras importantes modificações estavam na parte mecânica, na qual houve um aumento da taxa de compressão de 7,5:1 para 7,9:1, com um aumento do

A evolução dos modelos

torque. Mas a maior mudança ficou por conta da instalação da ignição eletrônica, muito mais eficiente que a anterior, já que neste sistema não havia o platinado e o condensador, que sempre era alvo de manutenções. Com isso o carro se mantinha regulado por mais tempo, e a aceleração melhorava, atingindo os 100 km/h em 14,1 s, e a velocidade máxima chegava a 167 km/h.

Assim como Fittipaldi e Scheckter já haviam feito, em 1984 foi a vez de Ayrton Senna ser convidado pela *Quatro Rodas* para testar vários carros brasileiros. O Alfa Romeo Ti4 foi um deles, sendo que o piloto fez as seguintes observações:

O nome diz tudo: luxo, estilo e requinte – com vários itens de série que em outros carros seriam opcionais. Apesar disso, apresenta problemas demais. Um deles é o elevado barulho do motor, algo que chega a irritar, pois não permite uma conversa entre duas pessoas quando se está em alta rotação. Outro são os freios, pois no modelo que testei só funcionavam as rodas do lado direito.

Em relação ao desempenho, me pareceu bom, apesar de ser um carro pesado. Câmbio e transmissão são excelentes, com fácil engate das marchas; painel completo com luzes indicadoras e instrumentos correspondentes para checagem. O motor responde bem em baixas rotações e a suspensão revelou-se macia, chegando a comprometer a estabilidade. Acabamento de qualidade. Ótimo sistema de direção hidráulica, que deixa o volante ágil, facilitando as manobras; importante por causa do peso do veículo. O Alfa possui bom espaço interno e os bancos dianteiros são anatômicos, segurando bem o corpo nas curvas. Me agradou.

FIM MELANCÓLICO

A última reestilização do 2300 Ti4 ocorreu em 1985. O carro passou a ostentar para-choques com polainas na lateral e grade dianteira horizontal englobando os quatro faróis, além de lanternas traseiras maiores. Por dentro, a mudança ficou por conta do novo volante, bem como outros detalhes mecânicos de menor importância. Apesar de tantos atrativos, o Alfa Romeo brasileiro, já sofrendo a concorrência do Volkswagen Santana, envelheceu muito, deixando de ser produzido no ano seguinte.

Segundo alguns especialistas e entusiastas da Alfa Romeo, ocorreu então algo inusitado: a Fiat não teve o cuidado de produzir peças de reposição em quantidade suficiente para os Alfa Romeo 2300

Em sua última reestilização em 1985, a frente ganhou nova grade.

fabricados após 1984, mas como esses veículos foram adquiridos por pessoas de alto poder aquisitivo (e, portanto, influentes), a empresa teve de encontrar uma solução, no mínimo, singular.

Todos os Alfa Romeos 1985/86 que serviram os executivos da Fiat foram recolhidos, ficando "guardados" num espaço da fabricante, onde ficaram tomando chuva e sol durante alguns anos. Assim, quando algum revendedor da marca encomendava determinado item (que estava em falta) para o carro de um cliente, de qualquer parte do Brasil, um funcionário da Fiat ia até o pátio e, dos veículos doadores, extraía a peça em melhor estado de conservação.

A evolução dos modelos

À esquerda: a traseira ganhou lanternas maiores. À direita: o novo volante em 1985.

O valor de revenda dos 2300 foi caindo lentamente, a ponto de muitos deles, em especial os mais antigos, feitos até 1976, começarem a ser abandonados, tanto pela corrosão (o tratamento da chapa deixava a desejar) quanto pelo alto custo das peças de reposição. Atualmente, as raras unidades remanescentes já se tornaram colecionáveis, levando-se em consideração a baixa produção e a qualidade superior da marca Alfa Romeo, cujo culto voltou a ganhar força após a reabertura dos portos brasileiros, em 1990, aos veículos importados.

Assim termina a história desses carros que marcaram época. Os Alfa Romeo no Brasil sempre foram carros superiores em relação à concorrência, mas, apesar de serem ótimos projetos, nem sempre eram bem tratados pelos seus fabricantes e acabaram engolidos pela concorrência, que, mesmo oferecendo carros inferiores, fabricava em escala maior de produção e com melhor controle de qualidade. Mas seu lugar na história da indústria automobilística brasileira já está guardado para sempre, enchendo de orgulho uma legião de "alfistas" que amam a marca e que se orgulham de ter visto no Brasil a fabricação desses carros que sempre despertaram uma paixão.

Poucos sabem, mas esse mesmo sentimento existia também por parte dos italianos. O colecionador e um dos maiores entusiastas da marca Alfa Romeo no Brasil Marcelo Paolillo, conhecido no meio automobilístico como "Mr. 2300", em visita ao museu Alfa Romeo na Itália, foi recebido pelo diretor do centro histórico. Na ocasião, Fabio Marco Fazio declarou: "*Siamo molto orgogliosi di avere fatto Alfa Romeo in Brasile* (Somos muito orgulhosos por ter fabricado o Alfa Romeo no Brasil)".

CAPÍTULO 4

NAS PISTAS

GANHANDO TUDO

Chico Landi, um dos pilotos da equipe FNM.

Com o intuito de provar a superioridade de seu produto, a Fábrica Nacional de Motores, sob o comando do engenheiro Amilcar Barone, montou uma equipe "de fábrica", cujos pilotos eram os já citados: Landi, Christian "Bino" Heins, os irmãos Álvaro e Ailton Varanda e Camillo "Lobo do Canindé" Christófaro, que era sobrinho de Chico Landi.

A primeira prova da equipe, realizada no dia 1º de julho, foi a 24 Horas Geia (abreviatura de Grupo Executivo da Indústria Automobilística, já citada entidade do governo de Kubitschek), disputada em 299 voltas pelo circuito completo de Interlagos. O certame, promovido por Eloy Gogliano (presidente do Centauro Motor Clube) e Wilson Fittipaldi (o "Barão", pai de Emerson e Wilsinho), teve, tal como ocorria com a Mil Milhas Brasileiras, o apoio da Rádio Panamericana e da TV Record.

A ideia era fazer uma peleja para carros comuns, sem preparação especial, aceitando-se apenas modificações no sistema de escape e o acréscimo de faróis auxiliares (além da retirada das calotas, é claro).

Inscreveram-se para a corrida, além do "time" da Fábrica Nacional de Motores, Karl Iwers/Diogo Ellwanger (DKW-Vemag), Rodolfo Porato/Norberto Rochet (Simca), Roberto Mendonça/Ivo Rizzardi (DKW-Vemag), J. Khan/Luiz Antônio Greco (DKW-Vemag), Godofredo Vianna Filho/Roberto Claro (DKW-Vemag), José Maria Sales Cruz/Antônio Pereira (Volkswagen 1200), Hugo Guidini/Luís Rodrigues (DKW-Vemag), Eugênio Cardinalli/Beto (Volkswagen Sedan), Nilton Nascimento/Juvenal Terrana (DKW-Vemag), Mário César de Camargo Filho/Eduardo Scuracchio (DKW-Vemag), Catharino Andreatta/Breno Fornari (Simca), Ciro Cayres/Bird Clemente (Simca), Carlo Lissoni/Luciano Della Porta (FNM 2000 JK), Roberto Galucci/Flávio Del Mese (DKW-Vemag) e Norman Casari/Carlos Erimá (DKW-Vemag). Nessa prova, "Bino" correu em companhia de Eugênio Martins ao volante de outro DKW-Vemag.

Tecnicamente mais avançados, os JK 2000 dominaram a corrida desde o início.

Nas pistas

Landi disparou na frente, seguido de Álvaro Varanda, Andreatta e Camillo. Este último, sobrinho de Landi, acabou assumindo a segunda colocação, passando a pressionar "Chico" por várias voltas. Galucci e Guidini acabaram abandonando, enquanto Landi e Cayres entraram nos boxes, possibilitando que Álvaro Varanda e Lissoni os ultrapassassem. Ailton Varanda assumiu a liderança após substituir Álvaro, vencendo a corrida com a velocidade média de 99,5 km/h. Atrás dele chegaram Landi e Lissoni Della Porta.

Dando andamento a sua participação nas pistas, a Fábrica Nacional de Motores inscreveu seus carros na prova V Mil Milhas Brasileiras. A competição foi realizada nos dias 26 e 27 de novembro, em São Paulo. O certame também teve como competidores o Camillo Christófaro, que então fazia dupla com Celso Lara Barberis (carretera Chevrolet Corvette V-8), Ivo Rizzardi/Alfredo Santilli (carretera Chevrolet V-8), Emílio Zambelo/Ruggero Peruzzo (Fiat), Karl Iwers/Henrique Iwers (DKW-Vemag), Valter Pucci/Edgar Pucci (carretera Ford V-8), Germano Schlögl/Edil Moss (carretera Ford V-8), Ênio Machado/Afonso Hoch (carretera Ford V-8), Paulo Marinho Filho/Geraldo Bandeira (DKW-Vemag), Antônio Versa/Eugênio Cardinalli (carretera Chevrolet V-8), Orlando Menegaz/Ítalo Bertão (carretera Chevrolet V-8), Mário César de Camargo Filho/Ciro Cayres (DKW-Vemag), Danillo de Lemos/Luiz Antônio Greco (DKW-Vemag), José Tobias/José Francisco (Cadillac), Júlio Andreatta/Haroldo Vaz Lobo (carretera Ford), Raul Lepper/Francisco Said (carretera Ford V-8), Albino Brentar/Eduardo Ribeiro (Volvo), Catharino Andreatta/Breno Fornari (carretera Ford V-8), Milton Mena/Luiz Valente (carretera Ford V-8), José Otero/Cláudio Duarte (carretera Ford V-8), Eugênio Martins/Bird Clemente (DKW-Vemag), Valdemir Santilli (carretera Ford V-8), Raul Fernandes/Manuel Mello (carretera Ford V-8), José Ramos/Justino de Mello (carretera Ford V-8), Ari Cayres/Noberto Rocher (carretera Chevrolet V-8), Luís Camargo/Adalberto Ayres (Volkswagen 1200) e César Lolli/C. Fagundes (carretera Ford V-8). Foi inscrito ainda um outro FNM, da dupla Joulan/Mário Olivetti.

O "Lobo do Canindé" liderou a prova por muito tempo, realizando a primeira volta em 4min35s, faturando a taça e o prêmio de 200.000 cruzeiros, dados pela Walita. Mas defeitos mecânicos na carretera fizeram o FNM 2000 JK de Bino e Landi se aproximar. A liderança foi obtida na 170ª volta. Seis voltas depois, a carretera Chevrolet Corvette voltou a liderar até desistir, abandonando por problemas no motor. O FNM assumiu a liderança e venceu a V Mil Milhas Brasileiras, muito embora tenha ocorrido um erro no seu final: às 11h47min, Evânio Galvão, presidente da Bardhal, confundiu o JK 2000 nº 38, de Joulan/Olivetti, com o nº 28, de Bino/Landi, e deu-lhe a bandeirada da vitória. Mas a confusão logo foi elucidada.

Assim, o FNM 2000 JK logo ganhou um lugar de destaque no mercado automobilístico brasileiro, pois, afinal de contas, era "o carro de luxo que ganhava corridas". Independente disso, o FNM constituía-se, como vimos anteriormente, de um "brinquedo" para poucos: foram produzidas apenas 414 unidades em 1960, sendo a maioria delas vendida a políticos e determinadas "eminências pardas" do governo.

Mas se o JK era raro nas revendas devido à baixa produção, mesmo assim continuou reinando nas pistas. Por causa do sucesso da edição anterior, em 3 de junho de 1961, a prova 24 Horas de Interlagos foi reeditada, mesmo porque servia como "campo de provas" para a Fábrica Nacional de Motores, a Vemag, a Volkswagen, a Willys-Overland e as empresas do setor de autopeças, como Metal Leve (pistões), Walita (geradores de partida Auto-Lite), Champion (velas), Cibié (faróis), Heliar e Saturnia (baterias).

Disputaram a corrida Landi/Bino (FNM 2000), "Volante 13"/Antônio Souza (DKW-Vemag), José Maria Salles/Antônio Pereira (Volkswagen 1200), Norberto Rocha/Rodolfo Porato (Simca), José Eduardo Bezerra/Ugo Guidini (DKW-Vemag), Ubaldo Lolli/Aluizio Gama (Simca), Ignácio Terrana/Neves Gonçalves (Simca), Caio Graco/Albino Brentar (Volkswagen Sedan), Roberto Galucci/Antônio Carlos Aguiar (JK 2000), Christófaro/Jean Louis Lacerda (JK 2000), Ciro Cayres/Bird Clemente (Simca), Vitório Andreatta/Aldo Costa (Simca), Maio Olivetti/Aylton Varanda (JK 2000), Nilton Nascimento/Juvenal Terra Domene (DKW-Vemag), Norman Casari/Carlos Erimá (DKW-Vemag), Luigi Ciai/Moisés Saubel (DKW-Vemag), Álvaro Varanda/Eugênio Martins (JK 2000), Henrique Iwers/Karl Iwers (DKW-Vemag), Catharino Andreatta/Breno Fornari (Simca), Zoroastro Avon/Waldemir Costa (Simca), Mario César de Camargo Filho/Luiz Antônio Greco (DKW-Vemag), Adalberto Audrá/Lauro Bezerra (Simca), Luis Rodrigues/

Nas pistas

Iraê Aranha (DKW-Vemag), Antônio Versa/Arnaldo Picini (DKW-Vemag), Jaime Guerra/"Maçarico" (Renault Dauphine), Adalberto Aires/Willy Zwintck (Simca), José Otaviano Cury/Rubens Apovian (Volkswagen 1200), Gilberto Demanges/Adalberto Iasi (DKW-Vemag), Luiz Pereira Bueno/Danilo de Lemos (Renault Dauphine), José Ramos/Arnaldo Ramos (DKW-Vemag), Baby Costa/José Felipe (DKW-Vemag), João Prudente de Morais/Álvaro Maffei (DKW-Vemag), Flávio Del Mese/Ítalo Bertão (DKW-Vemag), Vicente Sabbatini/José Medina (DKW-Vemag).

Os FNM 2000 JK dispararam na frente, com Álvaro Varanda, Landi e Camillo Christófaro, seguidos de perto pelo Simca Chambord de Bird Clemente. Posteriormente, Chico ultrapassou Álvaro Varanda, liderando até o fim da corrida e colocando uma volta de vantagem em cima dos concorrentes. Seguiram-no o FNM 2000 JK de Varanda/Eugênio Martins e Christófaro/Jean Louis Lacerda. Bird bateu devido a Jaime Guerra: este saiu dos boxes com seu Dauphine quando o Simca passava na pista. O Chambord bateu no veículo de Guerra, capotando. Esta foi, aparentemente, a última vitória do FNM 2000 JK em Interlagos, embora o carro (e seus derivados) tenham obtido bons resultados em outras competições realizadas no autódromo, com o segundo e o terceiro lugar (Chico Landi/Christian "Bino" Heins e Mário Olivetti/Aylton Varanda) na sexta edição das Mil Milhas, em 1961, o terceiro lugar (Jayme Pistilli/Ugo Galina) na VII Mil Milhas, em 1965, o terceiro lugar (Ugo Galina/Jayme Silva) na prova 24 Horas de Interlagos em 1970 e o terceiro lugar (José Pedro Chateaubriand) na Categoria Turismo até 1.600 cm^3 da prova dos Campeões de 1971.

Em 1962, quando Pedrosa deu lugar a Paiva Rio na presidência da Fábrica Nacional de Motores, realizou-se a primeira edição da prova 1000 Quilômetros de Brasília, que, organizada em comemoração ao aniversário da cidade, oferecia a seus concorrentes a possibilidade de disputar um prêmio de 650.000 cruzeiros. A dupla Antônio Carlos Aguiar/Antônio Carlos Avallone venceu a disputa com um FNM 2000 (completando o percurso de 209 voltas em 9h55min38,9s), sendo seguido por outro carro do mesmo tipo, conduzido por Mario Olivetti/Hélio Rodrigues, e o Willys Interlagos de Bino e Aguinaldo de Góes. No mesmo ano, com FNM 2000, Haroldo Dreux e Aldo Costa venceram a 1.500 Milhas de Porto Alegre,

Nas pistas

no Rio Grande do Sul, enquanto Landi ganhou, no Rio de Janeiro, a prova Aterro do Flamengo e chegou em segundo no Circuito da Cidade de Petrópolis, vencido pelo FNM 2000 de Olivetti.

Voltando às pistas de corrida, em 1963, Olivetti e Barone, com o FNM, faturaram a prova 12 Horas de Brasília. Lauro Maurmann Jr., em 1964, levou o seu FNM 2000 ao primeiro lugar na classe acima de 1.600 cm³ da prova XI Antoninho Burlamaque, obtendo o mesmo resultado na quinta edição da prova 500 Quilômetros de Porto Alegre, ambas as disputas realizadas no Rio Grande do Sul.

Vale citar que, ainda em 1968, com FNM 2000, Rafaele Rosito venceu, na Classe C, a 13ª edição da Prova Antoninho Burlamaque, enquanto Lauro Maurmann Jr. e R. Petrillo obtiveram o segundo lugar na classificação geral na prova de 300 Quilômetros de Passo Fundo. Apesar de em sua época já terem passado em São Paulo, os FNM continuaram a correr com sucesso no sul do Brasil, o qual é muito conhecido por suas colônias italianas e alemãs. Em 1969, o FNM 2000, pilotado por Lauro Maurmann Júnior, sagrou-se vitorioso (na categoria de 1.601 cm³ a 3.000 cm³) nas provas Vale do Rio das Antas e Circuito Encosta da Serra, enquanto José L. De Marchi, na mesma classe, obteve a terceira colocação na prova Rodovia Presidente Kennedy. No ano seguinte, Milton Oliveira venceu com o FNM 2000 a Prova Grande Porto Alegre (igualmente destinada a veículos de 1.601 a 3.000 cm³), uma das cinco corridas que marcaram a inauguração do Autódromo de Tarumã, localizado em Viamão, no Rio Grande do Sul.

Graziela Fernandes: a primeira mulher a correr por uma equipe profissional no Brasil. Competia na equipe Jolly, no final dos anos 1960, juntamente com os pilotos Emilio Zambelo e Ugo Galina. Os três corriam com o Alfa Romeo GTA 33 importado. Eles também foram os primeiros a testar o FNM 2150 em 1969, e aprovaram!

CAPÍTULO 5

DADOS TÉCNICOS

FICHA TÉCNICA

Os dados a seguir são referentes ao modelo JK 1960. Todas as pequenas mudanças que o modelo sofreu durante os anos foram descritas ao longo do texto.

MOTOR

Tipo: quatro cilindros em linha, com válvulas no cabeçote, inclinadas em V a 90º
Cilindrada: 1.975 cm³
Potência: 108 cv a 5.400 rpm

Arrefecimento: a água, forçado por bomba, com válvula termostática que se abre a 90-95 ºC e se fecha a 81-86 ºC
Alimentação: carburador Solex 35 APAJ-G vertical, de duplo corpo e dois estágios; bomba de gasolina mecânica
Filtro de ar: a seco, com elemento de crina e silenciador
Sistema elétrico: 12 V
Tipo de válvula: dispostas em V no cabeçote, comandadas diretamente por duas árvores acionadas por corrente dupla. Válvula de escapamento de baixa dilatação térmica (com sódio)
Lubrificação: por bomba de óleo de engrenagens com pressão regulável no bujão existente na tampa do filtro de óleo

À esquerda: o motor com a tampa dianteira removida, vendo-se o acionamento dos comandos de válvulas. À direita: corte transversal do motor, vendo-se as câmaras de combustão hemisféricas.

Dados técnicos 107

TRANSMISSÃO

Embreagem: monodisco a seco, comandada hidraulicamente

Caixa de mudanças: 5 marchas à frente, todas sincronizadas (sincronizador Porsche)

Relação das marchas: 1ª - 1:3,258; 2ª - 1:1,985; 3ª - 1:1,357; 4ª - 1:1; 5ª - 1:0,854; ré - 1:3,252

Árvore de transmissão: bipartida, com duas juntas torcionais de borracha e uma junta universal

Diferencial: com engrenagens hipoides de relação 8:41

CHASSI

Direção: setor e sem-fim

Freios: a tambor e hidráulico nas quatro rodas

Suspensão dianteira: independente, por quadriláteros transversais, molas helicoidais, amortecedores telescópicos e barra estabilizadora

Suspensão traseira: eixo semiflutuante ancorado ao chassi por meio de dois braços inferiores articulados e triângulos superiores de reação.

DIMENSÕES

Comprimento: 4.715 mm
Largura: 1.700 mm
Altura: 1.452 mm
Distância entre eixos: 2.720 mm
Bitola dianteira: 1.400 mm
Bitola traseira: 1.370 mm
Peso em ordem de marcha: 1.460 kg

CAPACIDADES DOS RESERVATÓRIOS

Radiador: 11 litros
Carter e filtro do motor: 5 a 7 litros
Caixa de câmbio: 1,7 litros
Diferencial: 2,9 litros
Caixa de direção: 0,3 litros
Tanque de combustível: 60 litros

Produção do Alfa Romeo 2300*

ANO	QUANTIDADE
1974	3.600 (A)
1975	4.670 (A)
1976	4.792 (A)
1977	3.046 (A) / 2.167 (B)
1978	2.779 (B) / 1.238 (C)
1979	2.290 (C)
1980	1.875 (C)
1981	700 (C/G) / 107 (C/AL)
1982	896 (C/G) / 28 (C/AL)
1983	626 (C/G) / 83 (C/AL)
1984	287 (C/G) / 114 (C/AL)
1985	315 (C/G) / 7 (C/AL)
1986	215 (C/G)

(A) Produzido pela Fábrica Nacional de Motores / Alfa Romeo

(B) Produzido pela Fiat Diesel Brasil

(C) Produzido pela Fiat Automóveis

(G) Gasolina

(AL) Álcool

* Dados oficiais fornecidos pela Associação Nacional dos Fabricantes de Veículos Automotores (Anfavea)

Dados técnicos

109

Produção do FNM 2000

ANO	QUANTIDADE											
	JAN	FEV	MAR	ABR	MAI	JUN	JUL	AGO	SET	OUT	NOV	DEZ	TOTAL
1960	17	37	36	35	39	37	44	31	38	39	39	22	**414**
1961	16	42	41	39	45	41	49	35	42	42	42	20	**454**
1962	14	33	32	29	32	33	40	31	36	38	37	23	**378**
1963	10	23	23	22	23	23	28	18	23	23	26	16	**258**
1964	08	14	14	14	15	14	17	11	15	15	16	08	**161**
1965	21	33	30	33	36	35	39	28	35	37	37	24	**388**
1966	00	48	35	35	55	46	59	59	58	47	32	00	**474**
1967	22	36	21	01	24	50	84	88	90	108	82	108	**714**
1968	48	101	125	151	126	133	140	56	70	63	88	14	**1.115**
TOTAL	**156**	**367**	**357**	**359**	**395**	**412**	**500**	**357**	**407**	**412**	**399**	**235**	**4.356**

Produção do FNM 2150

ANO	QUANTIDADE											
	JAN	FEV	MAR	ABR	MAI	JUN	JUL	AGO	SET	OUT	NOV	DEZ	TOTAL
1969	64	50	36	35	96	70	59	00	40	53	48	04	**555**
1970	62	77	38	108	130	157	99	64	100	149	91	134	**1.209**
1971	119	42	83	100	95	70	55	43	40	55	54	44	**800**
1972	45	15	65	40	45	65	51	60	25	26	24	45	**506**
TOTAL	**290**	**184**	**222**	**283**	**366**	**362**	**264**	**167**	**205**	**283**	**217**	**227**	**3.070**

FONTES DE CONSULTA

LIVROS

Latini, Sydney A. *A implantação da indústria automobilística no Brasil.* São Paulo: Editora Alaúde, 2007.

Salvetti, Gippo. *Alfazioso.* Milão: Fucina, 2001.

Tabucchi, Maurizio. *Alfa Romeo from 1910 to 2010.* Milão: Giorgio Nada, 2010.

REVISTAS

Autoesporte. São Paulo: FC Editora.

Mecânica Popular. São Paulo: FC Editora.

Motor 3. São Paulo: Editora Três.

Quatro Rodas. São Paulo: Editora Abril.

CRÉDITO DAS IMAGENS

Abreviações: a = acima; b = embaixo; c = no centro; d = à direita; e = à esquerda. Na falta de especificações, todas as fotos da página vieram da mesma fonte.

Páginas 4-5, 6, 7, 8, 9, 10, 11, 12, 13, 14, 38b: Imagens retiradas do livro *Alfa Romeo from 1910 to 2010* (Editora Giorgio Nada, 2010)

Páginas 16-17, 21ad, 21ae, 29, 46, 47, 61b, 81, 96-97, 102: Michael Swoboda

Páginas 18, 19, 20, 21b, 23, 24, 25, 26, 27, 28, 30, 31, 33, 34, 39a, 40b, 42, 43, 44, 45, 51, 53, 60bd, 60be, 61ad, 61ae, 65ad, 65ae, 98, 99, 101a: Arquivo dos autores

Páginas 22, 39b, 54, 55a, 67, 69b, 72, 80d, 90, 101b: Propaganda de época

Páginas 36-37, 38, 40, 41, 48, 49, 52, 55b, 56-57, 58, 59, 60a, 62-63, 66, 69ae, 69ad, 70-71, 73, 74, 75, 76, 77, 78, 79, 80c, 80e, 83, 84, 85, 86-87, 88, 89, 91, 92, 94, 95, 104-105: Rogério de Simone

Página 50: Claudio Laranjeira

Páginas 55c, 64, 65b, 106: Revista *Quatro Rodas* (Editora Abril)

Página 82: Imagens retiradas do livro *Alfazioso* (Editora Fucina, 2001)

Página 103: Graziela Fernandes

AGRADECIMENTOS

Escrever um livro sobre automobilismo não seria possível sem a colaboração de pessoas que conservam com grande carinho seus veículos e ainda os cedem para sessões de fotos. Por essa gentileza, agradecemos a Oswaldo Diz Júnior, Álvaro Godinho (Tico), Celso Luppia, Wagner Modolo, José Edaes Júnior, Alexandre Pereira Reigado e Wilson Tavares de Melo.

Agradecemos também ao colecionador, alfista de carteirinha e grande amigo, o insubstituível Fabio Steinbruch, que nos deixou em dezembro de 2012, antes de ver esta obra pronta e ilustrada por alguns de seus carros.

Deixamos aqui também agradecimentos especiais a Leandro Swoboda e a seu pai, sr. Michael Swoboda, grandes entusiastas da marca Alfa que, além de ajudar na indicação de veículos para serem fotografados, ainda ofereceram seu acervo fotográfico para que parte dele ilustrasse este livro.

Por fim, somos gratos a Marcelo Paolillo, conhecido no meio como "Mr. 2300", tamanha é a paixão que nutre pelos carros da marca. Grande incentivador deste livro e proprietário de alguns veículos aqui retratados, Marcelo manifestou sua alegria em participar deste projeto com as seguintes palavras: "Fiquei muito honrado em participar deste momento feliz em prol de uma marca que fez parte do cenário político e automobilístico do país. Muitos viram seus carros nas ruas, mas poucos sabem sua verdadeira história, retratada com maestria pelos autores deste livro. Parabéns; a legião alfista do Brasil agradece".

Conheça os outros títulos da série:

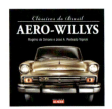

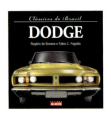

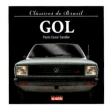

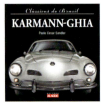
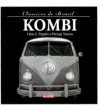
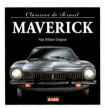